国家自然科学基金项目“西藏农牧民旅游发展态度及增权机制研究”（71964030）。

国家自然科学基金项目“川藏铁路沿线文旅融合高质量发展机制研究”（72374172）。

·经济与管理书系·

留学教育、“一带一路”与中国企业跨国并购行为研究

曾攀　郭满　张璐 | 著

光明日报出版社

图书在版编目（CIP）数据

留学教育、“一带一路”与中国企业跨国并购行为研究 / 曾攀，郭满，张璐著 . -- 北京 : 光明日报出版社，2025. 1. -- ISBN 978-7-5194-8408-8

Ⅰ. F279. 247

中国国家版本馆 CIP 数据核字第 2025EK0975 号

留学教育、“一带一路”与中国企业跨国并购行为研究

LIUXUE JIAOYU、“YIDAI YILU” YU ZHONGGUO QIYE KUAGUO BINGGOU XINGWEI YANJIU

著　　者：曾　攀　郭　满　张　璐

责任编辑：杨　娜　　　　责任校对：杨　茹　温美静

封面设计：中联华文　　　责任印制：曹　诤

出版发行：光明日报出版社

地　　址：北京市西城区永安路 106 号，100050

电　　话：010-63169890（咨询），010-63131930（邮购）

传　　真：010-63131930

网　　址：http://book.gmw.cn

E - mail：gmrbcbs@gmw.cn

法律顾问：北京市兰台律师事务所龚柳方律师

印　　刷：三河市华东印刷有限公司

装　　订：三河市华东印刷有限公司

本书如有破损、缺页、装订错误，请与本社联系调换，电话：010-63131930

开　　本：170mm × 240mm

字　　数：221 千字　　　印　　张：14

版　　次：2025 年 1 月第 1 版　　　印　　次：2025 年 1 月第 1 次印刷

书　　号：ISBN 978-7-5194-8408-8

定　　价：89. 00 元

摘　要

中国经济在经过四十多年的高速发展后，开始进入高速发展向高质量发展的转型期，对企业发展壮大和升级转型提出了新的挑战，也提供了新的机遇，企业的跨国并购成为中国经济发展和转型的必然趋势。随着综合国力不断增强和全球经济一体化的趋势，我国与其他国家的联系和交往更加密切，这种密切充分体现在政治、经济、文化、教育等各个领域。世界各国从未像当今这样紧密地联系在一起，但合作的同时也充满了竞争，中国企业在“走出去”的同时也面临着越来越多的贸易摩擦、政策限制等非经济因素的影响。面对全球复杂多变的政治状况和经济形势，中国企业坚持不懈地进行产业结构调整和优化升级，中国政府长期以来鼓励和支持有竞争力的企业走出去，并提供一系列政策法规和服务体系方面的支持，如何保护我国企业跨国并购利益成为亟待解决的问题。因此，本书从政治互信的视角实证分析中国企业跨国并购的影响。

本书首先从博弈论的角度建构政治互信的研究框架，当今国家间的交往以获取经济利益为主要目的，经济学理性假设认为，决策者会做出理性的利益最大化的选择，国家间合作与交往是一个长期的过程，因此，国家间的交往不是一次博弈，而是为寻求长期利益最大化而进行的重复博弈，正因为是重复博弈，政治互信就成为国家间交往的基础。因此，本书从三方面搭建政治互信的研究框架：双方形成和强化长期往来的信誉机制，即中国与其他国家建交的历史友好关系；双方形成或具有某种契约关系，即当前双方在响应和参与“一带一路”建设等国际事务的友好互信；双方培育和建立的感情偏好，即面向未来的以留学教育提升文化软实力建立互信基石。本书从这三个维度，研究政治互信对跨国并购的影响。在此基础上，本书结合相关理论分析，设计了三个研究：（1）外交关系与中国企业跨国并购；（2）签订“一带一路”备忘录与中国企业跨国并购；（3）留学教育与中国企业跨国并购。

研究一是探究外交历史的关系对中国企业跨国并购的影响，外交关系可以为企业在跨国并购中获得国家特定优势，并将这种国家特定优势转化为企业的特定优势。本章在理论分析的基础上提出两组研究假设：（1）中国与东道国建交年度越长，中国企业在东道国的并购规模越大；（2）中国与东道国建交年度越长，中国企业在东道国的并购成功率越高。并采用 Tobit、Logit 等多种计量方法对中国企业2008—2018年间的跨国并购数据进行相关分析和回归分析。研究结果表明，中国与东道国建立外交关系的时间越长，越有利于中国企业在东道国实施跨国并购，跨国并购的成功率也越高，并且中国与欧美等发达国家建交时间越长，越有利于中国企业的跨国并购，此外中国与东道国建交时间越长，越有利于国有企业和传统行业企业的跨国并购。

研究二是探究签订“一带一路”备忘录对中国企业跨国并购的影响，习近平主席提出的“一带一路”倡议的实施和推进为中国和东道国带来了双赢，是当前中国与其他国家在国际事务中加深政治互信的体现。本章在理论分析的基础上提出三组研究假设：（1）签订“一带一路”备忘录能够扩大中国企业在东道国的并购规模；（2）签订“一带一路”备忘录能够降低中国企业在东道国的并购溢价；（3）签订“一带一路”备忘录能够提升中国企业在东道国的并购成功率。并采用 Tobit、Logit、双重差分法（DID）等多种计量方法进行相关分析和回归分析。研究结果表明，“一带一路”倡议的提出不仅增进了中国与共建国家的政治互信，也推动了中国企业向共建国家的并购。“一带一路”备忘录的签订对中国企业在共建国家的并购规模有显著的正向作用，提升了中国企业的并购成功率，降低了中国企业的并购溢价。

研究三是探究留学教育对中国企业跨国并购的影响，教育作为塑造人的世界观和价值观的重要方式，对培养和建立感情偏好即培育政治互信具有重要作用。留学的经历对塑造留学生的人生观、价值观具有深刻的影响，具有很好的政治外交功能和文化交流功能。本章在理论分析和文献梳理的基础上提出一组竞争性假设：东道国来华留学生规模扩大能够扩大中国企业的跨国并购规模，或东道国来华留学生规模扩大降低了中国企业的跨国并购规模。一组普通假设：派遣来华留学生群体越优秀，即东道国获中国政府奖学金的留学生占本国来华留学生的比重越高，对中国企业在东道国的并购越有利。同样采用 Tobit、Logit 等多种计量方法进行相关分析和回归分析。研究结果表明，东道国来华留学生规模的扩大不但不会促进中国企业在该国并购规模，反而降低了中国企业在该国并购规模、增加了并购溢价、降低了并购成功率，但通过招收获得中国政府奖学金的优秀来华留学生，有助于中国企业在该国扩大并购规模、降低并购溢价。

本书的主要贡献之处在以下四方面：

一是深化了研究非经济因素对跨国并购影响的理论视角。传统上主要从信息不对称理论、制度理论等对跨国并购进行理论分析，本书引入国家形象理论和重复博弈理论进行理论分析。国家形象理论认为国家形象是一个涵盖物质、制度和观念三个层面的复合型集体形象，从物质层面上，中国经济的快速发展吸引了来华留学生，在制度层面上，留学生来华后对中国的政治、经济、文化有了更多的了解，从而在观念层面刻画出变化中的中国形象，增进对中国的好感和互信。重复博弈理论认为当今世界和平与发展成为主流，虽偶有地区冲突，但国家间长期和平共存使得需要建立政治互信来减少国家间合作交往的成本。政治互信只有在重复博弈中才能形成，且国家间建立关系的时间越长，越有利于通过交往积累信誉，互信的程度相对就越高。

二是拓展了现有非经济因素对跨国并购的研究视角。针对中国企业跨国并购的研究中，大部分研究以东道国制度、价值链和文化等影响因素为视角，加入经济状况、资源禀赋、地理距离、双边贸易量、劳动力成本等控制变量。本书从形成和强化长期往来的信誉机制、形成或具有某种契约关系、培育和建立感情偏好构建了政治互信的研究框架，并将其具体化为中国与其他国家建交的历史友好关系、当前双方在响应和参与“一带一路”建设等国际事务的友好互信以及面向未来的以政治互信的培育即留学教育提升文化软实力建立互信基石等三个维度，采用量化的指标来衡量国与国之间的政治互信，研究政治互信对中国企业跨国并购行为的影响。

三是在结论方面研究发现增进政治互信有利于中国企业的跨国并购，但在政治互信的培育即留学教育方面，单纯扩大来华留学生规模不会促进中国企业的跨国并购，反而会抑制中国企业的跨国并购规模，增加并购溢价，降低并购成功率。另一方面通过招收获得中国政府奖学金的优秀来华留学生可以促进中国企业的跨国并购规模，降低并购溢价，特别是对发展中国家效果更为明显。这是对我们当前留学生教育有建设性意义的结论，提示我们在扩大留学生规模的同时，要进一步提高培养质量、规范培养体系，吸引更多的优秀国际学生来华留学。同时，由于中国相对于其他发展中国家有更高的经济发展水平和教学质量，可以将更多注意力放在吸引发展中国家的学生；对于发达国家，需要我们继续坚定以经济发展为中心，持续提高综合国力，并进一步建立健全法治和制度体系，发展并弘扬中华优秀传统文化，持续改善发达国家留学生对中国的刻板印象，提升中国的文化软实力。

四是本书总结研究结论并提出政策建议：加强政策引导，在积极支持国内企业走出去的同时，更注意在投资方式、投资行业和投资后管理等方面的引导；调整投资结构，鼓励高科技产业和实体产业跨国投资，稳步推进"一带一路"倡议；加强国际协调，推动区域经济一体化，发挥自由贸易区对跨国贸易与投资发展的促进作用；完善留学生教育，健全留学生奖学金制度，拓展办学资源和渠道，提升文化软实力；拓展融资方式，破除对企业规模的资金支持偏好，充分考虑企业跨国并购与经营的成长性和可持续发展能力，为企业跨国并购经营提供融资支持；把握并购时机，审慎地选择并购目标企业，充分考虑影响并购的内外部因素；加强跨国并购团队的建设，培养一批精通国外政治、经济、文化的技术人才、经济人才、法律人才等组织的跨国并购项目团队和跨国经营管理人才队伍。

目　录
CONTENTS

第一章

绪 论

第一节 研究背景

改革开放以来中国经济取得了举世瞩目的成就，国家统计局公布数据显示，2021年年末国家外汇储备32502亿美元，比上年末增加336亿美元，2021年国内生产总值114.37万亿元，按年平均汇率折算为17.7万亿美元，外汇储备继续蝉联世界第一，国内生产总值继续稳居世界第二。中国经济在经过四十多年的高速发展后，开始进入高速发展向高质量发展的转型期，跨国并购成为中国经济发展和转型的必然趋势。2014年中国的对外直接投资额首次超过外商对华投资额，中国成为资本净流出国。根据商务部、国家统计局、国家外汇管理局联合发布中国对外直接投资统计公报，2016年中国对外直接投资流量创下1961.5亿美元的历史新高，2016—2018年全球外国直接投资流出总量连续三年萎缩，在2020年又受"新冠疫情"影响，但在国内有关部门积极引导和支持下，中国经济稳中有进，对外投资逆势增长，2020年中国企业对外直接投资流量1537.1亿美元，首次位居全球第一。根据统计数据，截至2020年年底，中国企业在境外直接拥有或控制10%或以上股权、投票权或其他等价利益的境外企业4.5万家，分布在全球189个国家和地区，对外投资存量25806.6亿美元，其中股权投资14777.3亿美元，占比57.3%。联合国贸发会议《2021世界投资报告》显示，截至2020年年底，中国对外直接投资分别占全球当年流量和存量的20.2%和6.6%，流量位列全球第一位，存量位列第三位。

随着综合国力不断增强，中国与其他国家的关系处于不断地调整和发展中，并随着全球经济一体化的趋势，与其他国家的联系和交往更加密切，这种密切不仅体现在经济领域，也体现在更频繁的民间交流和政府交往方面。通过交流和交往加深彼此的理解，增进双方的互信，互信反馈到经济领域，进一步促进双方的经济合作与经贸往来不断加深和扩大。跨国并购作为中国企业开拓全球市场的重要方式，近年来快速增长的趋势引起国内外学者的关注。学者们从跨国投资理论和经济因素的角度研究和解释中国企业的跨国并购现象。中国企业的跨国并购有自身的特点和现象，一是由我国的社会主义经济体制决定，我国是以公有制为主体，多种所有制经济共同发展的基本经济制度，这意味着大批国有企业参与跨国并购，行政色彩浓厚的国有企业参与跨国并购难以摆脱政府的形象和意志，成为中国企业跨国并购的一大特征；二是作为已经迈入中高收入的最大新兴市场国家，我国正处于经济体制转变和经济结构转型的重要时期，中国企业"走出去"既是企业自身发展壮大的内在动力驱使，同时也离不开国家发展战略和相关政策支持，如"一带一路"倡议的提出，中国政府加强与"一带一路"国家的外交互动，对中国企业"走出去"产生了重要的推动作用；三是经济外交日益成为国家首脑出访的重要内容，经济外交成为当代外交的主要方式，如2015年习近平主席对英美进行国事访问，阿里巴巴、万向集团、腾讯、联想集团、新奥能源等10余家知名企业随行，组成150余位企业家组成的代表团。在访问过程中，习近平主席会见了当地工商界人士，参加企业家论坛，参观当地知名企业。通过经济外交增进政治互信，推动跨国贸易与投资。与此同时，随着中国企业"走出去"，实施跨国并购的行为日益增多，部分国家担心中国的强大会压缩本国经济发展的空间，不时提出"中国威胁论""中国崩溃论"等论调，制造中国与部分国家的紧张局势，甚至不惜逆全球化发动贸易战，期望以此来孤立中国，钳制中国经济的发展。因此，研究中国与其他国家的政治互信对中国企业走出国门实施跨国并购的影响具有十分重要的意义。基于此，本书系统研究我国与其他国家之间的政治互信如何影响我国企业的跨国并购行为，从政治互信的三个维度中国与其他国家建交的历史友好关系、当前双方在响应和参与"一带一路"建设等国际事务的友好互信、面向未来的以留学教育提升文化软实力培育政治互信，来研究政治互信如何影响我国企业的跨国并购行为。

一、现实背景

第一，习近平总书记在党的十九大报告中指出：我国经济已由高速增长阶段转向高质量发展阶段。从跨国投资的效应来看，总体上中国跨国投资的绩效与其经济增长之间存在显著的正向关系（张伟如等，2012），跨国投资通过扩大贸易规模（柴庆春、路添雨，2012）、提高就业水平（刘辉群、彭传立，2022）、调整产业结构（李逢春，2013）、逆向技术溢出（沙文兵、李莹，2018）等方式间接带动母国经济增长（王尢，2012）。从我国经济发展的实际来看，跨国并购是我国缓解贸易摩擦、减少贸易顺差的需要，也是我国不断融入国际分工、培育有全球竞争力的跨国公司的需要（尹贤淑，2009）。随着我国经济发展步入新常态，如何通过实施跨国并购转移过剩生产力、优化产业结构和市场结构是我们面临的重要问题，因此，研究我国企业跨国并购的影响因素，尤其是政治因素具有十分重要的意义。

第二，我国改革开放四十多年经济发展取得了巨大成就，跨国并购成为我国经济发展和转型的重要趋势，“走出去”战略和“一带一路”倡议的提出和深入推进适应了我国企业国际化的趋势，跨国并购规模也逐年增大。但是面对全球复杂多变的政治状况和经济形势，如何保护我国企业跨国并购利益成为亟待解决的问题。特别是目前跨国并购投资的主体依然是国有企业和大型民营企业，这些企业的运行状况直接关系到我国经济稳定发展的大局。因此从国家利益的角度来看，研究政治互信与跨国并购行为具有十分重要的现实意义。

第三，研究政治互信与跨国并购可以优化我国企业跨国并购行为并提升并购绩效。随着全球经济一体化趋势的发展和市场竞争的加剧，通过跨国并购快速获得市场渗透、突破贸易壁垒、寻求优质资源等优势，越来越成为企业对外扩张的重要投资方式。作为中国企业国际化的重要手段，中国跨国投资近年来有着迅猛发展（郭杰、黄保东，2010），我国企业从20世纪80年代末开始进行跨国并购，以期打开海外市场，随着跨国并购的竞争日趋激烈，从政治互信的角度实证分析我国企业跨国并购的影响因素和问题，分析原因并提出相应的建议，以期为决策者实施跨国并购提供参考。

第四，近年来，随着中美贸易摩擦愈演愈烈，美国政府一再对中国政府极限施压，对中兴、华为等中国高新技术企业进行禁售制裁。中国企业坚持不懈地进行产业结构调整和优化升级，跨国并购是企业寻求新资源和技术，获取竞争优势和转型升级的重要手段。中国政府长期以来鼓励和支持有竞争力的企业走出去，并提供了一系列政策法规和服务体系方面的支持，但中国企业近年来开展跨国并购的成效如何，是否通过跨国并购提高了企业价值？国内外学者对中国企业跨国并购的大样本实证研究较少，且得出的结论不一。因此，本书通过对中国企业跨国并购行为进行研究，分析中国企业跨国并购中存在的问题并提出应对措施，对中国企业跨国并购和政府部门制定并购政策具有重要的现实意义。

二、理论背景

本研究的理论意义主要有以下三点：

一是研究中国企业跨国并购是对当前跨国投资理论的进一步深化。当前主要的跨国投资理论如垄断优势理论、比较优势理论、内部化理论、边际产业扩张论等，这些理论范式的共同点是从技术优势、资金优势、管理优势等方面来解释跨国并购行为，且主要是发达国家对发展中国家的并购，没有体现出作为最大的发展中国家中国的企业跨国并购的特殊性。中国企业跨国并购的对象多样，既有对发达国家和地区的并购，也有对发展中国家和转型经济体实施的并购，根据《2020年度中国对外直接投资统计公报》，2020年中国企业对外直接投资流量1537.1亿美元，首次位居全球第一，对外投资存量25806.6亿美元，位居全球第三。因此，利用上述主流跨国投资理论来解释对我国企业的跨国并购现象、研究我国企业跨国投资，是丰富和发展跨国投资理论的需要。

二是本研究丰富了我国企业跨国并购的理论解释，传统的小规模技术理论、投资发展周期或路径理论、企业异质性理论、资本过度积累等理论主要是从经济因素的角度解释跨国并购行为，关于非经济因素对跨国投资影响的研究相对较少。目前从非经济因素对跨国并购的影响研究主要从东道国制度环境、地理距离、文化距离、高层互访、军事冲突等角度进行研究，还没有从政治互信的角度系统地分析对跨国并购的影响。本研究从政治互信视角进行实证测量，从中国与其他国家建交的历史友好关系、当前双方在响应和参与"一带一路"建设等国际事务的友好互信以及面向未来的以留学教育提升文化软实力培育政治互信等三个维度，探讨政治互信对我国企业跨国并购的影响，为深入了解中国跨国投资增加一个新的视角，丰富关于非经济因素的相关研究和跨国投资理论对于我国企业“走出去”实施国际化战略行为的解释。

三是国与国的政治关系是国家之间执行各种政策和活动的基础，经济关系的重要性随着全球经济一体化的进程有所上升，但仍受到政治关系的制约。企业作为经济活动的主体，在参与全球经济活动的过程中必然面临着政治风险，特别是当前经济逆全球化的趋势有所抬头，贸易保护和贸易摩擦不断加剧，国与国之间政治关系越来越成为企业生存和全球发展的重要外部因素。跨国并购不同于一般的商品贸易等经济活动，其实施不仅受到本国政府的严格管控，其具体去向以及投资份额等还受到东道国政府的严格控制。作为全球最大的新兴经济体和最大的对外并购国，探讨政治互信与我国企业跨国并购的关系能够为我国企业跨国并购提供更多经验证据和理论支持。

第二节 研究目的

本研究主要探讨中国与相关国家的政治互信与中国企业跨国并购行为之间的关系。跨国并购作为企业战略管理和国际商务共同关注的研究内容，国内外学者对此已有比较广泛的研究。二战之后大量的亚非拉殖民地国家获得独立，并在全球经济中扮演着越来越重要的角色，因此对这些新兴经济体国家的研究成为跨国并购研究的新领域。中国经过四十多年改革开放经济的高速发展，成为全世界最大的外汇储备国和经济规模第二大的国家，作为全球最耀眼的新兴经济体，跨国并购已成为中国企业走出去的重要方式。随着“走出去”战略和“一带一路”倡议的深入推进，中国企业跨国并购也逐年增多，但投资面临的风险和所获效益受到经济因素和非经济因素等多重因素的影响。以非经济因素中的制度环境为例，跨国并购行为既受到母国制度环境的影响，也受到东道国制度环境的影响。这种影响既可以是对跨国并购的鼓励和支持，也可以是限制和禁止。中国既是经济规模最大的发展中国家，也是全球为数不多的社会主义制度国家，既有作为国民经济支柱的国有企业参与跨国并购，也有崛起壮大的民营企业参与跨国并购，因此，非经济因素对跨国并购的影响也更加多面。

本书首先综合现有的跨国并购的相关理论对中国企业的跨国并购行为进行分析，并梳理中国企业跨国并购的历史和特征，在此基础上，从跨国并购的基本内涵出发，综合运用经济学、管理学等理论与方法进行实证研究，从中国与其他国家建交的历史友好关系、当前双方在响应和参与“一带一路”建设等国际事务的友好互信，以及面向未来的培育政治互信即以留学教育提升文化软实力以建立互信基石等三个维度，来分析和研究政治互信与我国企业跨国并购行为的理论、决策、运行的理论与方法，为我国企业的跨国并购决策和管理提供参考。

第三节　关键概念界定

一、跨国并购的定义

跨国并购（Transnational M&A）也称为国际并购（International M&Z），是并购在概念和空间上的拓展，包括兼并和收购两种方式。史建三（1999）认为跨国并购是一国为了某种目的，通过一定的渠道和支付手段，将另一国企业的整个资产或足以行使经营控制权的股份买下，从而对另一国的经营管理实施实际或完全的控制行为。张寿彭和张新起（2001）认为跨国并购是一国的企业为某种目的，通过一定渠道和支付手段，以获得另一国企业部分或全部的经营管理控制权为目的，从而组成以长期经营为目的的新企业。

世界经合组织（OECD）定义跨国并购是并购方与其他企业合并和收购其他企业全部或部分控制权两种形式，并购方必须取得另一企业的全部或部分控制权。联合国相关文件认为跨国并购是一国企业获得另一国企业超过10%股权的并购行为。而国际货币基金组织认为，跨国并购在所并购的企业中拥有25%或更多的股权，可以作为控制企业所有权的标准。因此对跨国并购的解释关键在于持股比例，国际上对跨国并购的最低持股比例没有统一的标准，世界各国对此的规定也不尽相同。

（1）美国的标准。根据美国商务部规定，美国企业达到以上四种标准，即视为被美国企业并购：1. 某家外国企业完全受美国企业控制；2. 某家外国企业50% 的股东权益被一群相互没有关系的美国人掌握；3. 某家外国企业25% 的股东权益由一个有组织的美国集团拥有；4. 某家外国企业10% 的股东权益由一个美国人或法人拥有。对外国企业对美国企业的并购方面，美国商务部做了不同于美国企业对外并购的规定，其对并购的认定更为灵活，只要外国投资者能实际上控制美国企业的管理权，不论控股多少都被看作外国企业对美国企业的并购。

（2）日本的标准。日本对跨国并购的规定更为细致，日本的外汇管理法规定了本国企业对外国企业进行的10% 以上的所有权投资，或出资不满10%，但通过非股权形式在对方企业保持了长期稳定的关系。在1978 年日本通过的对外投资法的修正案中规定了两种跨国并购的情形，一是外国投资者直接或间接拥有日本企业全部或50% 以上的股权；二是外国投资者占据本企业董事会半数以上的席位，能实际上控制日本企业董事会。

（3）欧盟的标准。欧盟各国对跨国并购都做了类似的规定，但各国国情不同，各国公司法或投资法对公司组织结构和股权的规定不同，对取得控制权所规定的股权比例要求也不一致，但总的来说，通常超过10% 的外国股权投资被认为是跨国并购。

中国对企业并购的规定主要体现在《中华人民共和国公司法》《中华人民共和国证券法》以及证监会和商务部等部门规章的部分条文中，但对并购的标准并没有明确的规定。证监会主要规范上市公司的并购行为，要求投资者拥有权益的股份达到一个上市公司已发行股份的5% 时，应当向证监会和交易所报告；商务部、证监会等六部门规范外国投资者并购中国企业的办法规定，外国投资者并购中国企业需要符合中国政府公布的产业指导目录，外国股份占并购后企业股份25% 以上的，可以享受外商投资企业的待遇，低于25% 的则不享受该待遇。

综上所述，本书认为跨国并购是指以企业经营权和控制权转移为特征的国际产权交易行为，包含兼并和收购两种方式。兼并是一家企业吸收其他企业并作为企业合并后的存续体或数家企业设立一家新的企业以取代原有企业的行为，收购是以取得另一家企业经营权或控制权为目的而采取的对企业资产、股票或股份的购买行为。因此，本书在数据选取时，根据汤姆森 SDC Platium 全球并购数据库、ZEPHYR 全球并购交易分析库和国泰君安 CSMAR 研究数据库进行整理，以取得东道国企业 10% 以上股权，或者实质上取得了东道国企业控制权或经营权作为并购的标准。

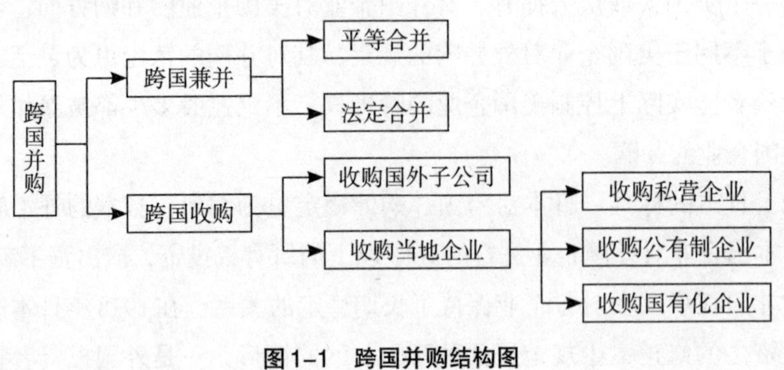

图 1–1 跨国并购结构图

资料来源：世界贸发会议投资报告

二、跨国并购与对外直接投资

根据联合国贸发会议报告，对外直接投资（Foreign Direct Investment）是指外国投资者为控制企业经营管理，以获取利润为目的在外国设立一个永久性企业的投资活动。对外直接投资的形式主要有两种：一是在国外设立分公司或子公司，及绿地投资；二是在东道国取得一家现在企业的控制权。本研究指的跨国并购是指后者，即在东道国取得一家现有企业的控制权。相比绿地投资，跨国并购有其优势，如可以快速突破进入行业的壁垒，利用目标企业原有供应和销售渠道，减少不确定性，充分利用经验—成本优势，降低风险和成本。但跨国并购也有其不利的地方，如目标企业的价值评估困难，在决定规模和选址上受目标企业的局限，并购后的整合难度大，并购失败率较高。对东道国而言，特别是发展中国家，其通常认为绿地投资可以增加本国的资本存量，而跨国并购却使本国企业的所有权转移，会导致国内企业非本国化、市场相对集中、就业减少、竞争更加激烈等，因此，相比绿地投资，政治互信对跨国并购的影响更重要。绿地投资作为企业实现国际化经营最初的投资方式，对绿地投资的研究成果已汗牛充栋，且近年来更多的国家认识到跨国并购对壮大本国产业、提升本国经济的重要作用，跨国并购在对外直接投资中的比重也逐渐增加，已成为对外直接投资的主要方式。从本书前期收集和整理的数据来看，中国企业对外直接投资中跨国并购的规模也超过了绿地投资。因此，研究政治互信对跨国并购的作用更具有现实意义，本书选择将跨国并购作为研究的对象。

表1-1 跨国并购与绿地投资比较

特点	跨国并购	绿地投资
法律障碍	容易受到东道国反垄断相关法律对外国资本进入的行业和规模的限制	东道国对绿地投资的法律限制较少
舆论障碍	并购规模较大的行业和企业时容易受当地舆论的影响	东道国市场通常持欢迎态度，舆论的影响小
进入手续	比绿地投资的审查手续烦琐	相比跨国并购手续较简单
后续工作	面临并购企业自身问题，在并购整合中有较多工作	没有并购企业需要整合的各种问题
成本因素	并购中通常有并购溢价，企业支付过高的交易成本	没有并购溢价，在新设投资时对所需资金能有较好的预算
进入市场	能快速地进入东道国市场，不确定性和风险较小	如果投资规模大，建设周期长，不确定性和风险较大
政策待遇	通常由于东道国的政策法律，在政策待遇上不如绿地投资	绿地投资特别是合资企业可以享受东道国相关优惠政策
经营能力	可以充分利用目标企业的各种资源	需要进行市场开发等新的工作，对经营能力要求高
市场竞争	跨国并购通常减少了市场上的竞争对手	由于是新设企业，会进一步加剧市场的竞争
资产运作	并购后再次出售目标公司的股票或资产从而获利	无法像并购方式再次出售目标公司的股票或资产获利

资料来源：根据熊小奇《当代跨国公司风险防范》整理

第四节 研究方法与研究结构

一、研究方法

一是文献和理论研究。国内外学者关于企业跨国并购理论研究和跨国并购行为的相关研究较为丰富，因此，以往的文献为本研究的概念界定、研究方法、理论框架的设计奠定了扎实的理论基础。本书对相关文献进行理论综合和分析，在吸收并消化了国内外学者的相关研究后，通过合理逻辑构建本研究的理论模型。

二是定量分析法。针对中国企业的跨国并购行为，通过梳理和汇总相关数据，对中国企业跨国并购的现状和历程进行总体特征描述和归纳性总结，用统计软件对各个相关变量进行描述性统计分析，并提出研究假设，建立决策模型和分析模型，基于因变量的特点和克服内生性的考虑，采用 Tobit、Logit、双重差分法（DID）等多种计量方法对中国企业跨国并购行为进行实证检验，其中 Tobit 模型用于跨国并购规模、并购溢价和异质性分析，使用 Logit 模型分析跨国并购成功率，并使用双重差分法（DID）分析签订“一带一路”备忘录对跨国并购的影响。

二、研究结构

按照实证研究的典型范式，本研究共包含七部分：一是绪论，二是对政治互信和跨国并购的理论和文献综述，三是对我国企业跨国并购的历程回顾，接着是本书的实证分析和检验，包含了四、五、六共三章，分别从历史上中国与其他国家的政治互信即建立正式外交关系、当前在国际事务上的友好互信即响应“一带一路”倡议与中国签署“一带一路”建设合作备忘录、面向未来培育政治互信即来华留学教育等三个维度研究分析政治互信与我国企业跨国并购行为的关系，最后在前文实证分析和检验的基础上，得出研究结论并提供政策建议。

第一章绪论。绪论部分介绍了本书的研究背景，包括理论背景和现实背景，提出本书的研究目的，阐述研究意义，对本书所涉及的关键概念进行阐释，说明本书所使用的研究方法、研究流程、可行性分析和研究的整体框架结构，指出本书的创新点与贡献。

第二章政治互信与跨国并购的理论和文献综述。围绕本书研究的核心问题，首先对政治互信、跨国并购相关理论以及政治互信与跨国并购行为影响因素的主流研究成果进行梳理，详细回顾了当前国内外学者关于政治互信与跨国并购的研究文献，对其中与本书研究内容相关的观点和结论进行分析总结，搭建出本书的理论框架，为后续的相关研究打下基础。

第三章中国企业跨国并购现状分析。系统梳理自改革开放后我国企业逐渐走出国门实施跨国并购的发展历史，分析不同阶段中国企业跨国并购的特点，总结我国企业跨国并购的主要特征和实施跨国并购的主要动因。

第四章研究外交历史关系对我国企业跨国并购的影响。建立正式外交关系是两国开启官方往来的契机，也是加深两国经贸、文化等交流往来的重要渠道。本章梳理了新中国成立以来中国三次建立外交关系的高潮和对跨国并购的影响，结合我国公司跨国并购数据，提出中国与东道国建交年度越长，中国企业在东道国并购规模越大；中国与东道国建交年度越长，中国企业在东道国并购的审批时间越短两个研究假设，并通过方差分析、多元回归分析等统计方法对研究假设进行检验。

第五章研究签订“一带一路”备忘录对我国企业跨国并购的影响。“一带一路”倡议的提出是新时代中国开展大国外交的重要举措，对中国企业“走出去”具有重要的推动作用，签订“一带一路”备忘录是当今与中国加深政治互信的重要体现，在此基础上提出中国与东道国签订“一带一路”备忘录能够有效提升中国企业在东道国的并购成功率、中国与东道国签订“一带一路”备忘录能够有效降低中国企业在东道国的并购溢价、中国与东道国签订“一带一路”备忘录能够推动中国企业在东道国的并购规模三个研究假设，并构建了研究模型，进行实证分析和检验，并用机制分析和异质性分析对各假设进行检验。

第六章研究留学教育对我国企业跨国并购的影响。教育是塑造人的人生观和价值观的重要方式，通过留学教育可加深东道国国民对中国的认知，提升对中国的认同和好感，加深双方的政治互信。但由于中国不同于西方的社会制度和意识形态，因此提出来华留学生规模扩大能够促进（或减少）中国企业的跨国并购规模的竞争性假设，和派遣来华留学生群体越优秀，即东道国获中国政府奖学金的留学生占来华留学生比重越高，对中国企业在东道国的并购越有利的假设，并构建研究模型，进行实证分析和检验，用异质性分析和稳健性检验对各假设进行检验。

第七章研究结论与政策建议。在前文研究的基础上，总结提炼研究结论，并提出切实可行的政策建议。

第五节　研究流程与可行性分析

一、研究流程

按照上述的研究方法和研究结构，本书的具体研究流程如图1–2所示：

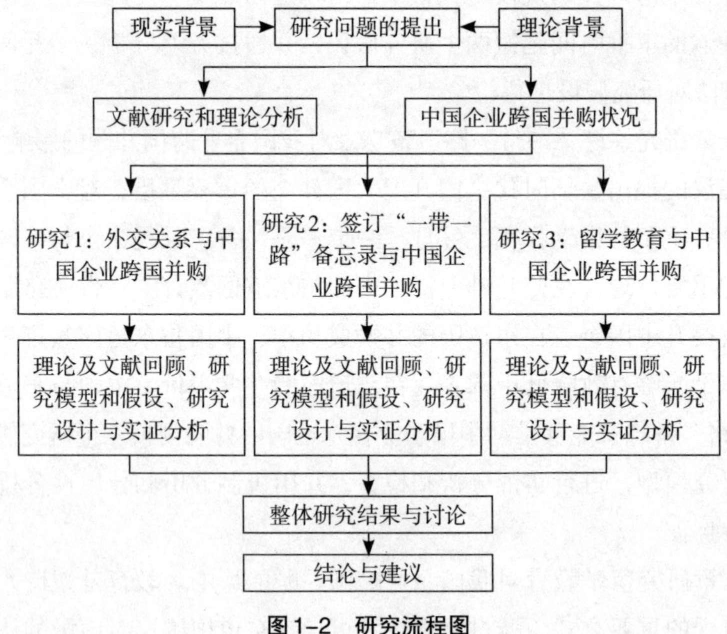

图1–2　研究流程图

二、可行性分析

一是政治互信作为跨国并购研究中非经济因素中的重要特征，对于企业的跨国并购具有重大影响。中国作为最大的发展中国家和社会主义制度国家，研究政治互信为深入了解中国企业跨国并购增加了一个新的视角。目前国内对于跨国并购的非经济因素研究已有一定的成果，且中国企业近年来跨国并购逐年增多，为本研究从政治互信角度研究中国企业跨国并购提供了一定的研究背景和丰富的现实材料。

二是本研究使用的数据来源相对比较权威和成熟。中国企业跨国并购的数据，主要来源于历年《世界投资报告》和《中国对外直接投资公报》以及汤姆森 SDC Platium 全球并购数据库、ZEPHYR 全球并购交易分析库和国泰君安 CSMAR 研究数据库；双边政治关系数据，包括建交时间、高层互访等数据来自我国外交部网站；"一带一路"备忘录签订情况来源于"一带一路"官网；双边投资协定来自联合国贸发会议的 BIT 数据库；世界治理指标来源于世界银行；文化差异的度量有 Hofstede（2014）提供的文化距离各维度的数据；东道国 GDP、贸易额、汇率水平、人均 GDP、劳动力、市场规模和基础设施建设等世界发展指标数据来源于世界银行数据库。

三是本研究目标明确，规范采用多种方法，层层推动研究过程去实现研究目标。文献收集和归纳整理已经完毕，整理汇总的文献根据文章需要制成思维导图，在研究过程中可以直接对相关理论和方法进行查阅。已完成的文献综述为后面的理论推导和实证研究提供了扎实的基础。

第六节 可能的创新点

首先，在研究选题方面，已有的关于跨国并购的研究主要集中在经济因素，如从经济规模、产业结构、经济发展水平、居民收入等角度进行跨国并购的研究，非经济因素不多，且主要集中在制度环境、文化差异、国家风险、文化距离等角度研究对跨国并购的影响，本书选取政治互信这个全新的视角研究对跨国并购的影响。

其次，在研究理论体系方面，传统上主要从信息不对称理论、制度理论、代理理论等对跨国并购进行理论分析，本书引入国家形象理论和重复博弈理论进行理论分析。国家形象理论认为国家形象是一个涵盖物质、制度和观念三个层面的复合型集体想象，中国经济的快速发展是物质层面，政治和经济等制度是制度层面，民众素质、历史文化等是观念层面，三个层面叠加在一起构建了中国形象。博弈理论认为国家间的交往不是一次性，而是长期的合作交往，正因为是重复博弈的过程，所以需要建立政治互信来减少国家间合作交往的成本，这种长期性推动了政治互信的建立。

再次，在研究内容方面，针对中国企业跨国并购的研究中，大部分研究以东道国制度、价值链和文化等影响因素为视角，加入经济状况、资源禀赋、地理距离、双边贸易量、劳动力成本等控制变量。本书从中国与其他国家建交的历史友好关系、当前双方在响应和参与“一带一路”建设等国际事务的友好互信以及面向未来的以留学教育提升文化软实力培育政治互信等三个维度，采用量化的指标来衡量国与国之间的政治互信，并研究两国之间的政治互信如何影响中国企业跨国并购的行为，为研究中国企业跨国并购提供一个有益的视角，进一步补充这方面的研究。

最后，在研究结论方面，本书研究发现加强政治互信有利于中国企业的跨国并购，但在政治互信的培育即以留学教育提升文化软实力培育政治互信方面，东道国来华留学生规模的扩大不会促进中国企业在该国并购规模，反而会降低中国企业在该国并购规模，增加并购溢价，降低并购成功率。但获得中国政府奖学金的优秀来华留学生比例越高，特别是发展中国家来华留学生获中国政府奖学金的比例越高，越能扩大中国企业跨国并购的规模，降低并购溢价。这是一个对我们当前留学生教育有建设性意义的结论，需要我们在提升来华留学生规模的同时，优化培养体系和规范化管理，以吸引更多的优秀的留学生来华，切实提升中国的文化软实力。

第二章

政治互信与跨国并购的理论和文献综述

第一节　政治互信的内涵

国际社会是国与国之间相互交往所产生的，这种相互交往产生的基础来源于彼此的信任，德国社会学家、哲学家乔治·西梅尔（Georg Simmel）曾经说过，如果双方没有一般性信任，所有合作的基础都将坍塌，所有的合作和交往都是建立在双方确定的认知基础上的。政治互信不仅是一个政治学话题，也涉及心理学、社会学、经济学和管理学等学科领域，具体可以从以下几方面来理解。

一、互信的定义

早在先秦时期，中国对“信”就有比较深入的分析和理解，诸子百家都有对“信”的解释。孔子认为“人无信不立”，“信”不仅是个人的标准，也是国与国交往的道义标准；孟子在此基础上提出的“五伦”，成为中国两千年封建社会的道德基准和伦常规范，儒家把“信”作为“为人”和“为政”的基本行为准则。法家认为“信”的作用十分重要，认为“信”是礼的根本，百姓的交往要讲究“忠信”，英明的君主治国必须守信，才能凝聚人心。道家在《庄子》一书中记载了尾生守信的故事，老子更是认为即使对不守信的人也要信任他，这样才能营造人人守信的氛围。诸子百家都肯定“信”在为人、治国等方面的作用，肯定互信带来的积极效用。

近代以来，对互信的研究不断学科化和学理化，互信是一个涉及心理学、社会学、经济学的复杂话题，国外内学者对互信从不同的学科视角做过众多的研究，对互信也从不同的层面给出了不同的定义，有些通过理论分析将互信概念化，有些通过因素分析等实证方法对互信进行定义，总的来说，对互信的定义有以下几种：

（1）互信是一种认为对方是善意的所具有的信念。即互信是一方对另一方的善良、诚意以及可靠可信的一种信念。Cummings 和 Bromiley（1996）认为互信是一种信念系统，在这个信念系统下，彼此之间会秉着诚意进行协商以达成一致，做出与承诺一致的行为，即使有机会也不会占对方便宜。Shapiro 和 Cheraskin（1993）认为互信是一种信心，相信彼此不会利用对方的弱点进行攻击。McLain 和 Hackerman（1999）认为互信是一种信念，彼此在可以自由选择的情况下，会根据彼此的最佳的利益并采取行动。Dekkers（2000）认为互信是彼此都具有善意，能够依赖对方的言行而采取行动。

（2）互信是对对方行为的期待。互信是信任者和被信任者两者之间的关系，是一方对另一方的某种态度和期望。Creed 和 Miles（1996）指出互信是认为对方的行动不会带来伤害，在互信下会有各种社会秩序井然有序的面貌。Glati（1995）也认为互信是一种期望，可以减轻彼此之间对行动的怀疑和不确定。互信是一方在特定情境中对另一方的行为所具有的正面期望，在不确定的互动下，彼此对对方的行动有确切的预期。

（3）互信是对社会正常运作的期待。从社会的角度看，不论是对个体还是国家而言，互信是和文化、制度以及社会结构紧密连接在一起的，互信是社会结构和文化的现象，是参与者在交往中寄予的期望，期望彼此之间履行义务和责任，双方都能从社会环境中不断增加的机会中获益。

从对互信的定义梳理和分析来看，学者们从不同的学科领域和视角进行了分析，虽然没有形成统一的理论和概念，但也具有一些共同之处。结合前述学者们的分析，本书认为互信是一种信念和态度，彼此之间相信对方是真诚的、善意的、可靠并有能力的，也是一种判断和期望，在预测彼此的行为时有合理的期望，并且互信是一个双向概念，是彼此之间的相互判断。

对国家而言，政治关系是国家之间的基本关系，是决定军事、经济、文化、贸易等各种关系的基础，政治互信是国与国在国际社会中交往的基础。充满猜忌、互不信任的两个国家之间无法完成有效的沟通和交流，更遑论达成合作与共谋发展。政治互信可以降低国际社会的运行成本，提高国家间交流的效果，更有利于提升整个国际社会运行的效率。

二、政治互信的特点

政治互信作为国家间的信任，主要具有以下几个特点。

首先，政治互信具有文化性。互信是一切经济活动的基础，每个国家和地方都存在信任这种社会资本，但不同的社会中信任文化是不一样的，有的社会属于高信任社会，有的社会属于低信任社会。日本学者福山将不同的文化区分为低信任文化和高信任文化，他认为中国、法国、意大利属于低信任文化，美国、日本、德国属于高信任文化。低信任文化在儒家文化和天主教文化中比较明显，主要根据对方和自己的血缘关系和熟悉程度来确定对方是否能够信任，对身边的人可以信任程度高，而对其他人则保持距离，使得这两种文化的国家建立政治互信的难度较大，但一旦建立起了信任关系，信任的强度和持久度会更强。高信任文化具有普遍社会信任的伦理习惯，这种文化使得人们更愿意与陌生人合作，更容易形成大规模的组织如大型的私营企业，也更利于与其他国家通过合作建立政治互信。

其次，政治互信具有认知性。政治互信的产生是建立在认知基础上的，在国际社会的交往中，一方会对对方进行认知判断，判断对方是值得信任的、不信任的还是不知道能否信任等情况，在认知判断后确定信任基础。因此，国与国之间只有通过频繁的交往，加深彼此之间的了解，在有了充分的认知后做出认知判断，从而确认对方是不是值得信任。同时，这种认知是政治互信的基础，但并不必然带来政治的互信，认知只是搭建互信的桥梁。如Luhman（1979）所认为，当一方开始信任对方的信任时，互信的认知基础才开始形成，才会相信对方会按照双方之间的约定或约定俗成的惯例履行应尽的义务，才能够避免不确定性的因素。

再次，政治互信具有长期性。当前全球共197个主权国家，虽然各个国家的领土范围、资源禀赋、经济实力等各不相同，在国际社会中发挥的作用和影响力有大有小，但根据联合国宪章，参与国际交往的所有主权国家都是平等的主体，中国也一直秉承和平共处五项原则，因此，参与国际活动都是基于自愿平等的原则，在互信的基础上开展对等性行动。互信的建立也是结合两国的历史、文化和地理因素，建立在长期的交往的基础上。政治互信并不是一朝一夕可以完成的，也不是一个螺旋向上的过程，历史上反目成仇或冰释前嫌的例子屡见不鲜，因此政治互信是一个波折起伏、不断变化的过程。同时，作为国际社会的成员，政治互信不仅要基于本国的利益，还通常要考虑国内民众的感受和同盟的立场，需要深思熟虑和做长远计划，是一个长期工程，并且需要根据国际形势的变化进行长期性的维护。

三、政治互信的理论分析

政治互信是国家间交往的基础，交往的目的可能是军事安全、资源获取、经济利益、意识形态等，但获得经济利益仍是国家间交往的主要目的。因此在经济学理论中，从理性选择的角度来分析政治互信，认为决策者会做出理性的利益最大化的选择，是一个博弈的过程和理性选择的结果。随着全球一体化的进程，几乎所有的国家都被卷入国际交往当中，这种国家间的合作与交往不可能是一次性，而是一个长期的过程，因此，国家间的交往不是一次博弈，而是为寻求长期利益最大化而进行的重复博弈，正因为重复博弈，国家间更愿意建立政治互信，减少交流与合作的成本。

将博弈论引入政治互信的构建来看，政治互信的产生是因为国家之间掌握的信息和资源不一样，在信息不对称的情况下，建立政治互信可以减少国家间合作交往的成本，并且政治互信也只有在重复博弈中才能形成，因为只有国家间具有重复博弈的机会，才有重复博弈形成的条件，并且通常国家间建立关系的时间越长，信息交流越充分，互信的程度就越高。本书参考张维迎（2003）引入经济学理性假设，利用博弈论对政治互信的构建进行研究，认为政治互信的形成和建立主要包括以下几方面。

一是双方形成和强化长期往来的信誉机制。如前所述，国家间的交往是一个长期的过程，过去历史的交往所建立的声誉是国际交往中考虑的重要因素。新中国自成立初，就明确表示要做一个负责任的大国，邓小平同志也曾表示我们中国人说话是算数的。新中国从成立最初的19个邦交国，到如今已与全世界183个国家建立了正式的外交关系，除个别国家外，中国始终与建交国家保持友好的交往，为中国在改革开放后走出国门奠定了良好的国际环境。因此，当国际交往是一个长期、重复的过程，信誉机制的建立和强化使得国家间可以忽视短期行为，着重考虑双方长期的合作所能带来的收益。在此基础上，国际交往中对预期的长期化可以引导行为的长期化，通过形成和强化信誉机制，引导国与国之间增进政治互信。

二是双方形成或具有某种契约关系。这种契约关系可以是具有法律约束力的契约，如双方签订合作互助的条约或加入共同的组织，受到条约和组织的约束。在条约和组织内，彼此相信对方在出现约定的情形下，承诺必将得到履行，如曾经显赫一时的华约和至今仍存在的北约军事组织，约定彼此之间承担保障军事安全的义务，当一国被其他国家攻击时，其他国家必须履行经济援助和军事介入的义务；现今的欧盟和曾经的经互会，作为经济上的合作组织，组织内成员在货币、贸易、关税等方面做出的约定，对组织内成员都具有约束力。在这种组织和条约框架下，组织内的国家间能够对对方寄予合理的期望，形成高度的政治互信。这种契约关系也可以是不具有法律约束力的一般契约，如中国发起和成立的上海合作组织、“一带一路”倡议等，加入上合组织的成员和与中国签订“一带一路”合作备忘录的国家之间，虽然组织和协议并没有规定具体的责任和义务，但双方可以在共同的框架之下开展对话和交流，解决彼此共同面对的问题，就共同的利益协商一致，在形成最大公约数的基础上构建政治互信。

三是双方培育和建立的感情偏好。国家并不是虚构的组织，而是由有鲜活血肉、有趣灵魂的个人所组成的共同体，国家参与国际交往的过程，除获得切实的经济利益外，不得不考虑本国人民朴素的情感，反映本国人民的情感诉求。作为全球综合实力最强的美国，通过影视作品、电脑游戏、留学教育等在全球传播其普世价值观，在全球拥有大量的拥趸，被视为灯塔国，其除了以强大的经济和军事实力为后盾外，价值观的输出、对他国人民感情偏好的培养是充分体现其综合国力的方式。研究者们对重复博弈的研究发现，参与者的偏好对博弈结果有显著影响，国际上很多经济往来都以非经济关系为起点，对正式制度形成的经济关系起到补充作用，民众与国家的感情偏好对政治互信的建立具有重要的作用。

因此，本书从上述三方面搭建政治互信的研究框架，从双方形成和强化长期往来的信誉机制，即中国与其他国家建立正式外交关系的历史友好关系，双方形成或具有某种契约关系，即当前双方在响应和参与“一带一路”倡议等国际事务的友好互信，双方培育和建立的感情偏好，即政治互信的培育以面向未来的留学教育提升文化软实力建立互信基石等三个维度构建政治互信的理论框架，研究政治互信对跨国并购的影响。

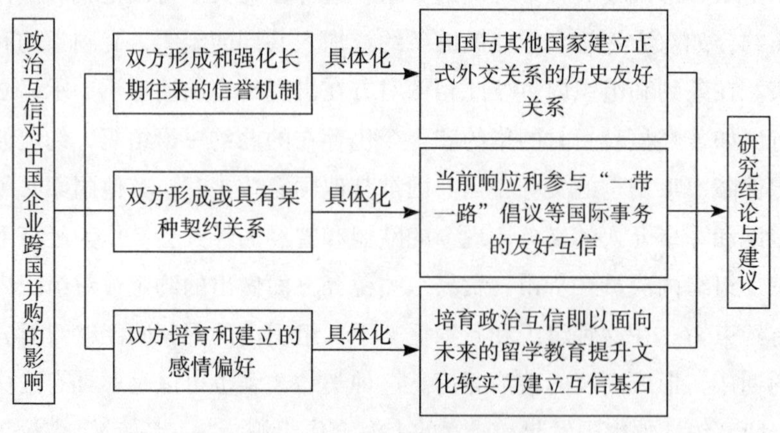

图2-1 本书研究的理论框架

第二节 政治互信对跨国并购的影响研究

从目前的研究情况看，伴随全球经济一体化，世界各国在政治上的联系也日益紧密，学者们开始关注两国的双边关系对跨国投资的影响，主要从非经济因素中与政治互信相关的几个角度，如双方的政治关系、政治冲突、军事冲突等对跨国并购的影响。20世纪80年代，美国学者 Nigh（1985）首次以东道国与母国的双边政治关系对跨国投资的影响为视角，通过研究冷战期间政治因素对美国制造业企业跨国投资区位选择的影响，发现双边政治关系的加强提升了东道国对美国企业的认同和好感，有利于美国企业的跨国投资，而双边的政治冲突导致东道国对美国企业的反感和抵制，损害了美国企业跨国投资。政治互信是一种官方保障，并以国家信用为背书，能够为母国企业的跨国投资寻找投资机会并提供安全保护，从而促进本国企业的跨国投资（Nigh and Schollhammer, 1987; Desbordes and Vicard, 2009）。Guiso 等（2009）通过研究欧洲国家的数据发现，基因距离、宗教差异和历史冲突影响了国家间的政治互信，降低了双方的贸易和投资。Li 和 Vaschilko（2010）研究了20世纪80至90年代全球58个国家的跨国投资行为，发现双方建立安全联盟和引发军事冲突会影响发达国家与发展中国家之间的双向投资行为，但对发达国家之间的双向投资则没有影响。派驻驻外大使、开设领事馆和派遣经贸团体等外交活动促进了双方贸易的增加（Rose, 2007），并且对于发展中国家效应更为明显（Yakop and Van Bergeijk, 2009）。总体而言，学者们研究发现良好的互信可以促进双方的经贸往来（Morrow et al., 1998; Bandelj, 2002; Gupta and Yu, 2009），而政治冲突、军事摩擦、外交事件、领土争议等损害了双方的互信，从而抑制了双方的经贸往来（Li, 2006; Matin et al., 2008；Berger et al., 2013）。

随着改革开放特别是加入世贸组织后中国经济快速发展，大批的中国企业走出国门参与跨国并购，我国学者对政治因素对跨国并购的影响的研究也逐渐增多，但主要集中在高层互访、制度风险、政治冲突等与政治互信相关的几个角度研究对跨国并购的影响。张建红和姜建刚（2012）把政治关系用建交时间、高层互访、双边冲突等几个变量来考量，对21世纪初中国企业在全球131个国家进行跨国投资的数据进行分析，发现友好的政治关系对跨国投资起到促进作用。潘镇和金中坤（2015）研究双边政治关系和东道国制度风险的影响，分析了2003年至2013年我国对117个国家的投资数据，发现政治关系和制度风险对发达国家和发展中国家产生了不同的影响，友好的政治关系能降低东道国制度风险造成的影响。中国领导人与“一带一路”共建国家领导人的互访，能够促进中国企业对“一带一路”共建国家的投资（郭烨、许陈生，2016），领导人互访是传递两国加深互信的信号，能增强企业跨国投资的信心。

还有部分学者对政治互信与跨国并购的研究主要从友好城市、安全同盟、双边投资协定等角度进行分析。杨连星等（2016）研究政治关系与东道国制度对跨国投资的交互影响，发现高层互访、安全同盟、友好城市等变量在集约边际中的影响较为显著，双边投资协定在扩展边际中的影响较为显著，而双边冲突对跨国投资行为有显著的抑制作用。刘敏和朱亚鹏等（2020）通过对中国企业1993—2007年跨国并购的数据考察双边关系对跨国并购成功率的影响，发现友好的双边关系能为跨国并购提供重要的保障，显著提升中国企业跨国并购的成功概率。

从对以往政治互信对跨国并购影响的文献梳理来看，学者们主要选取了与政治互信相关的不同视角来研究对跨国并购的影响，这些视角主要集中在高层互访、建交时间、友好城市、双边投资协定、安全同盟、政治冲突等几个维度，本章从上述几方面进一步梳理分析政治互信对跨国并购的传导和影响。

一、高层互访对跨国并购的影响

国家高层领导人的出访通常带有特定的目的，高层领导人之间的沟通更有利于在涉及两国关切的一些问题上达成一致，这种互访可以更加密切两国之间的关系。在现今国际社会交往中，获得经济利益是交流的主要目的，在两国高层的互访过程中，会涉及大量关于两国经贸往来的议题，高层互访在这些议题方面达成互利共赢的一致意见，有利于企业获得东道国优惠条件和投资机会，有助于企业实施跨国并购。Vicard（2009）研究认为政府通过在国际政治和外交舞台上发挥牵头作用，确保本国企业在东道国的商业活动和资产安全。肖文（2014）研究中国企业对外直接投资发现，高层互访能提升中国企业对外直接投资的规模，并降低投资的波动程度。郭烨和许陈生（2016）研究双边关系的异质性，发现两国之间高层领导的互访对中国企业跨国并购有显著的促进作用，并且国家主席出访的促进效应略高于国务院总理的出访。闫雪凌和林建浩（2019）利用2004—2014年中国企业跨国投资和领导人出访的数据，分析领导访问对中国企业跨国投资区位分布的影响，研究发现高层领导人互访对中国企业跨国投资有着显著的促进效应，且中国领导人出访的促进效应大于东道国领导人来访的促进效应，且通过领导人的互访可以提升两国之间的文化交流和民众好感度，间接产生长期的持续促进效应。这些学者的研究，普遍证实了两国高层领导人的互访对企业跨国并购有显著的促进作用。

二、建交时间和友好城市对跨国并购的影响

建立外交关系是两国开启正式官方往来的开端，建交意味着正式承认对方，是建立平等关系开展国际往来的基础。通常来说两个国家建交时间越久，越能在双方的制度背景和历史发展中融入双方的经济活动，并引起双方制度

和文化的相互影响和变迁（杨连星等，2016）。建交时间越长，也有利于两国在长期的相互往来中签订双边协定，熟悉两国制度和文化，从而对企业的跨国并购起到促进作用。相对于建立外交这样国家层面之间的交往，两国之间建立友好城市更加简便，更少受高层政治关系的影响，也更加灵活多样。对于部分联邦制的国家，其所属的各州或各城市在一般性的经济贸易方面具有较大的自主权，企业在这些城市的经济活动可以减少受不利的国家层面政治关系的影响。黄凯（2017）通过研究中国各省、自治区和直辖市设立友好城市数量与跨国贸易和投资额的关系，发现两者呈明显的正相关。友好城市作为非制度性的安排，通过增进两国居民的交流增加良好印象，互相提供商业和文化信息，增加商贸往来，为相关企业在这些地区的跨国并购搭建平台，奠定友好的经济合作基础。

三、双边投资协定对跨国并购的影响

双边投资协定是两国开展经贸往来的重要制度，也是两国友好关系的重要体现，对推动企业实施跨国并购有重要的促进作用。邓新明（2015）研究认为双边投资协定可以有效地保护企业在东道国的投资利益，增强企业开展跨国并购的信心，从而推动企业实施跨国并购。杨连星等（2016）研究双边外交关系对企业对外直接投资的二元边际时，发现双边投资协定对企业对外直接投资扩展边际有显著的正向促进作用。谢建国和周雨婷（2019）通过对2000年至2017年中国企业跨国并购的研究发现，与中国签订了贸易协定的国家或地区，中国企业对该国家或地区的并购交易显著增强，但持续效果会逐年减弱。李涛和丛红艳（2019）通过对2007—2017年中国企业跨国并购数据的实证分析，发现双重征税协定和资本管制对跨国并购有重要影响，避免双重征税的协定能在一定程度上缓解东道国资本管制对跨国并购的抑制作用，中国企业更倾向于向与中国有避免双重征税协定的国家进行并购。李平（2014）研究认为双边投资协定对中国在发达国家的对外直接投资影响较为显著，对在发展中国家的投资影响则不明显。刘敏等（2020）研究中国企业在全球180多个国家和地区的跨国并购发现，友好的双边关系可以促进两国签订双边投资协定，从而提升中国企业跨国并购成功率。

四、安全同盟对跨国并购的影响

在全球经济一体化各国联系更加紧密的情况下，全球爆发大规模战争的可能性越来越小，但局部冲突不断，两国之间的安全同盟对企业跨国并购仍有重要影响。Biglaiser（2007）通过研究美国的军事部署对美国企业在当地的发展情况发现，由于美军的部署对进入该国家或地区的美国企业的保护，促进了美国企业对东道国的并购。Vashchiiko（2010）研究发现两国的安全同盟会影响两国制定国家经济政策和商务投资的决策，也会影响两国投资者对跨国投资的风险预期，从而影响两国对外投资。安全同盟能有效促进双方的对外直接投资，而与之相对的军事冲突则会抑制双方的对外直接投资。中国长期信奉不结盟的外交政策，独立自主地开展多边外交，近年来通过不断在海外建设港口如瓜达尔港、科伦坡港等，为中国企业走出去创造更多有利条件。

五、政治冲突对跨国并购的影响

通常认为在两国爆发政治冲突会增加并购收益的不确定性，对跨国并购产生重要影响。Nigh 和 Schollhammer（1987）研究发现，政治冲突和政治合作都会对跨国投资者的决策造成影响，但这种影响是非对称的，政治冲突的效应要远大于政治合作。在两国产生政治冲突后，一方面由于东道国居民产生的强烈民族主义情绪会自发地抵制另一国的企业和产品，另一方面，由于政治冲突引发一国政府对另一国企业的限制和区别对待，导致企业在实施跨国并购之前，会增加对政治风险和经营风险的考虑，降低收益预期并减少对该国的并购。Li（2006）通过对全球129个国家的投资情况研究发现，在两国爆发政治冲突后，一方面一国政府会在一定程度上对本国企业实施资本管制，禁止本国资本进入东道国，因为这些资本流入会为东道国带去资金，在某种程度上促进了东道国的经济发展，并可能会被东道国用于军事目的；另一方面东道国考虑敌对国资本的大量进入会对本国企业产生冲击，甚至进入战略性行业，因此东道国也会制定限制性政策限制敌对国的资本进入本国，特别是战略性行业。

当前，随着中国“一带一路”倡议的深入推进和实施，也有部分学者研究“一带一路”倡议对中国企业跨国投资的影响。吕越等（2019）使用双重差分法，基于2005—2006年中国企业绿地投资的数据，对“一带一路”倡议的跨国投资影响进行分析，发现“一带一路”倡议的提出和推动，显著地促进了中国企业对“一带一路”国家投资的增长，并且对已有投资基础或投资项目的相关经济体的投资增长更为显著，在行业上投资促进效应主要集中在能源、交通和通信等基础设施相关领域，但对高政治风险经济体的投资不存在显著的促进作用。

从目前政治互信与跨国并购的研究来看，学者主要从非经济因素中与政治互信相关的几个角度，如双方的政治关系、高层互访、政治冲突、双边协定等来研究对跨国并购的影响。一方面，现有文献还没有系统地分析政治互信的构成，大都从个别角度来研究对跨国并购的影响；另一方面，现有文献主要从国家层面的并购数据来研究跨国并购，较少从微观的企业层面研究政治互信对跨国并购的影响。因此，本书首先构建了政治互信的理论框架，并在框架内从企业层面出发，研究政治互信对跨国并购的影响。

第三节　企业跨国并购相关理论

跨国并购理论产生于20世纪60年代，随着二战结束，大量的跨国公司快速发展并在全球范围内实施并购，学者们开始对跨国并购的现象进行研究和分析。从20世纪80年代开始，随着一波接一波的全球化浪潮，更多的企业参与并购，诞生了如大众、丰田、梅赛德斯奔驰、埃克森美孚等一大批巨型跨国公司，大量的跨国并购案例为学者们提供了丰富的研究素材，在深入研究的基础上提出了如垄断优势理论、产品生命周期理论、国际生产折中理论等一批经典的跨国并购理论。这些理论从生产、管理和技术等方面探索企业对外投资的动机和决定因素，解释了企业进行跨国并购的行为。

一、垄断优势理论

加拿大经济学家 Stephen Hymor（1960）在其博士论文中首次提出了垄断优势理论。该理论首次明确提出大企业进行跨国投资主要是利用了其独占性的垄断优势，通过垄断优势克服在东道国面临的外来者劣势，实现利润最大化。垄断优势理论认为企业能获得垄断优势首先是因为市场的不完全性。不完全竞争是指在市场中，由于产品差异、技术专利、规模经济等因素，众多企业生产销售的同一产品具有差异性，因此导致在不完全竞争条件下产生激烈的价格和非价格竞争。垄断优势理论指出跨国公司之所以能在东道国投资参与竞争，主要是因为拥有垄断优势，其拥有的垄断优势主要表现在三方面：一是跨国公司拥有专利技术、管理技术、融资渠道和信息平台等无形资产的优势；二是跨国公司利用产品差异化，满足不同地区不同层次的消费者需求和偏好，获得产品生产不完全的竞争优势；三是跨国公司通常拥有较大的内部规模经济和外部规模经济，大规模在东道国进行生产，以降低成本，获得高额利润，获得规模经济的优势。

垄断优势理论一经提出便受到广泛关注，开创了对外直接投资研究的新思路，并在大批学者的进一步研究中，不断完善发展。但垄断优势理论不足之处在于缺少实证分析，因此缺乏普遍的指导意义。此外该理论是以欧美的企业为研究对象，对西方发达国家有一定的指导意义，但不能有效解释日益增多的发展中国家企业的对外投资现象，且该理论无法解释企业生产部门的跨国区位分布和服务型公司的跨国地理分布。

二、产品生命周期理论

Raymond Vernon（1966）通过研究二战后美国企业的跨国投资，发现这些企业的跨国投资具有产品周期性，在此基础上提出了产品生命周期理论。弗农认为产品在市场上的竞争可以分为三个过程：第一阶段是新产品推出阶段，开始走向市场；第二阶段是成熟产品阶段，逐步扩大市场规模；第三阶段是标准产品化阶段，竞争激烈使得价格降低，企业开始开发新产品以替代原产品。因此，跨国公司应根据产品不同的生命周期阶段，采取不同的竞争策略和生产销售布局。该理论认为在产品的初创阶段，企业对新产品、新技术拥有垄断优势，且新产品的质量和标准还不稳定，所需的资金、技术和资源的投入还很大，因此，企业需要与本国的上下游企业紧密联系，及时获取生产资源和市场需求变化情况，所以企业会选择在本国进行产品的设计和生产，先将大部分产品投入本国市场，少部分产品会投向国外，并不断对产品进行完善。在产品的成熟阶段，新技术、新工艺得以推广和完善，新产品逐渐定型，企业加快扩大生产规模抢占市场，模仿者开始出现，企业的技术垄断优势受到挑战，战略目标转向降低成本以获得市场占有率和规模经济，并开始寻求海外市场进行跨国投资，进一步降低成本，此阶段的跨国投资主要以和本国经济发展水平类似的东道国为主。在产品的标准化生产阶段，产品已成熟，技术开始落后，此次的产品竞争主要是价格竞争，为进一步降低成本维持利润，企业开始向劳动力和原材料廉价的发展中国家进行投资生产，并将产品返销母国或其他市场。

产品生命周期理论把市场特性看作推动创新发明的动力，从动态分析的角度揭示了企业跨国投资的行为。该理论的局限性在于认为企业根据产品生命周期的变化改变投资的流向，但自20世纪70年代以来，众多跨国公司在全球不同地区进行开发、生产和销售新产品，并不遵循生命周期理论这种渐次过程。其次，该理论认为只有在母国无法降低生产成本并无法保持垄断优势、获得竞争优势的情况下才进行对外直接投资，然而20世纪70年代后，很多跨国公司在保持垄断优势和技术优势的同时，也会积极地、大规模地开展对外直接投资。再次，该理论提出时的研究对象依然是美国企业，而20世纪70年代日本和西欧的跨国公司对外直接投资迅速发展并崛起，且随着全球化的到来，很多产品在推出时即为全球同步上市，都是生命周期理论所无法解释的。

三、内部化理论

Buckley 和 Casson（1976）将交易成本理论引入跨国并购分析，首次提出了内部化理论。该理论认为企业在生产环节由于市场不完全和交易成本的存在，为了规避市场风险和不确定性，企业倾向于将外部市场转为内部市场，通过内部市场提高企业控制力，保持核心技术的垄断优势，减少外部交易的相关成本，提高企业的经营绩效。市场内部化理论认为企业内部市场的价格，是由企业内部根据企业战略目标和利润最大化目的确定的转移价格。企业内部市场不像外部市场那样受到供求关系和竞争原则的影响，因此以保证企业的供需交易和生产经营正常进行为目的。企业内部市场的形成是由于外部市场的失效，特别是知识产品，由于其自然垄断的特性和公共产品的性质导致的不完善，企业只有通过跨国投资，通过企业内部市场的交易，最大限度利用企业的产品和资源。

该理论认为企业实施内部化的关键在于内部化的收益较高与成本较低，通过外部市场进行的交易会产生附加成本，而通过企业内部市场可以使交易成本最小化。但企业创建内部市场也可能会增加成本，如管理费用、人力资源投入、财务支出、保密费用等，只能通过实行企业内部化成本——收益分析来确定内部市场的规模和大小。卡森认为，内部化的目的在于避免外部市场交易成本，因此，只要内部化成本小于外部市场交易成本，企业市场内部化则是合理可行的。该理论是一种新型和动态的理论，是对外直接投资理论的一个重要转折，强调产品中间环节的内部交易对资源配置最优化的影响，但内部化理论从交易成本理论发展而来，无法解释跨国投资的地理区位选择，限制了内部化理论的解释力度。

四、国际生产折中理论

国际生产折中理论由Dunning于1976年首次提出，并不断加以完善。该理论认为企业在同时具备所有权优势、内部化优势和区位优势三种优势后才会进行跨国投资。所有权优势，即企业具有的垄断性资产。内部化优势是指企业将所有权优势内部化所带来的优势。区位优势是指东道国可以提供的如制度、基础设施、人力资源、自然资源等优势。国际生产折中理论认为企业内部化优势的强弱最终决定了其参与国际竞争的方式和途径，并强调了区位因素对企业跨国并购的影响，区位优势直接影响企业的投资方向和布局，企业跨国投资时通常选择劳动力成本较低的国家或地区，特别是生产标准化产品，劳动力成本占生产成本重要比例的企业尤其如此。企业也会估计产品在东道国市场上的潜在购买力或产品销量是否有上升的趋势。

Dunning还将对外直接投资与本国经济发展阶段联系起来，提出了"对外直接投资U形发展曲线"，通过对60余个发达国家和发展中国家的对外直接投资流量进行实证研究，发现对外直接投资的规模大小与本国经济发展水平正相关，其跨国投资额由本国经济发展阶段决定，也是经济发展到较高水平的必然结果。国际生产折中理论把对外直接投资的目的、条件以及对外投资的能力结合起来，可以解释公司进行出口贸易、国际技术转让和对外直接投资三种形式，对发达经济体和欠发达经济体的跨国并购都具有一定的说服力。但该理论并不是一种创新的理论体系，而是集其他对外投资理论之所长，吸收了其他对外投资理论的合理之处而形成的一个理论体系。

五、比较优势理论

日本学者小岛清针对20世纪60—70年代日本企业大量跨国投资，根据日本企业不同于欧美国家对外投资的特点，对 Adam Smith 和 David Ricardo 的比较优势学说进行了继承和发展，系统地阐释并提出了比较优势理论。

比较优势理论以比较优势和国际分工的分析框架为基础，认为跨国并购对母国而言可以集中力量发展比较优势产业，优化产业结构，东道国可以通过吸收投资获得资本、技术和组织管理方式。该理论还认为跨国投资应当从本国比较劣势的产业开始，因各国的资源禀赋不同，在本国处于比较劣势的产业在其他国家可能正处于优势地位。这些在本国处于比较劣势的产业在国内生产中遭遇到了原材料短缺、劳动力成本上涨、日常竞争日趋激烈的困境，而东道国在原材料、劳动力和市场需求方面有很大优势，但缺少资金、先进的生产技术和管理经验。因此，通过对外直接投资将本国的这些产业转移到东道国，可以发展东道国本国经济，投资国也可以获得利润用于产业升级，进一步扩大本国的比较优势差距。

比较优势理论强调跨国投资对母国和东道国的比较优势都有促进作用，较好地解释了母国的投资动机，对于发达国家向发展中国家的跨国投资、发展中国家的跨国投资、中小企业的跨国投资都进行了解释。该理论的不足之处在于主要从投资国的宏观视角进行研究，将投资国各产业的投资动机认为是行业内各个企业的投资动机，但各个企业的对外投资动机并不一定相同，该理论没有从实施跨国并购的主体即企业的角度出发解释企业实施跨国并购的动机。

六、发展中国家跨国并购相关理论

（一）小规模技术理论

关于发展中国家跨国并购的理论首先提出的是小规模技术理论（Louis Wells, 1977），该理论认为与发达国家的先进技术相比，发展中国家的企业拥有特有的小规模制造技术的优势，这些技术适应劳动密集型产业，也适合小批量生产，能够满足发展中国家相对狭小的细分市场。同时，发展中国家劳动力大都比较便宜，学者们对发展中国家出口加工区外国制造业的调查发现，发展中国家跨国企业推销产品的广告费用大大低于发达国家的跨国企业，营销成本低的发展中国家跨国企业能发挥低价营销战略的优势与发达国家的跨国企业展开竞争。

该理论将发展中国家跨国投资的竞争优势与发展中国家市场特征结合起来，提供了一个理论分析的空间，小规模技术是一种相对优势，使发展中国家企业的生产技术更适合本土市场，在该市场中小规模技术的公司拥有竞争优势。其不足之处在于发展中国家如何将所学技术与所开拓的市场需求结合起来，其虽能够解释中国的劳动密集型产业实施跨国并购的动因，但不适用于中国高新技术产业和能源企业跨国并购的行为。此外小规模技术理论认为发展中国家企业具备的独特的竞争优势是发达国家企业所无法模仿的，这也与事实不符，发达国家企业也可以通过模仿获得小规模技术的优势，不是无法获得小规模技术优势，而是不愿意进行小规模技术生产。

（二）技术地方化理论

Sanjaya Lall（1983）在对印度跨国企业的竞争优势和投资动机进行深入研究后提出了技术地方化理论，她认为发展中国家企业虽然规模小、劳动力密集，但其对发达国家先进技术的利用并不是简单的模仿，其生产技术包含着企业的创新活动，有着独特的优势，发展中国家企业通过对不同来源的技术进行消化和吸收，使产品和技术更符合自身的经济条件，更能满足当地的市场需求，从而获得特定的技术优势。技术地方化理论认为发展中国家企业应根据本国的要素质量和价格，将先进技术引进本国后进行本土化，本土化后能够更好地满足本地市场的需求，并且能够起到降低成本的作用。

技术地方化理论认为发展中国家引进先进技术后，并不是简单模仿，而是结合市场的需求进一步进行完善和创新。对引进技术的完善和创新给发展中国家在部分技术领域赋予了技术优势，正是这种技术优势让发展中国家企业获得了竞争优势，不仅能在本国打开市场，也能参与到国际市场的竞争。鲁桐（1998）从微观层面研究发展中国家企业能够参与跨国投资的因素，指出了发展中国家企业的技术创新对增强国际竞争力的重要作用，对中国企业参与国际竞争、进行跨国并购具有重要意义。该理论的不足之处在于认为先进技术总是从发达国家向发展中国家转移，忽略了发展中国家本土创新产生技术，并且随着发展中国家经济水平的不断提高，消费需求和市场规模也将发生改变，不再适用技术地方化理论。

（三）投资发展周期理论

Dunning（1986）在对67个发达国家和发展中国家对外投资进行研究后，在国际生产折中理论动态化的基础上形成了投资发展周期理论。他认为，一个国家的跨国投资额和其经济发展水平成正比，随着经济发展水平逐步提高，跨国投资额也逐步增大。其根据当时全球经济发展的情况，将国家的经济发展水平按照人均国内生产总值分为400美元以下、400~2000美元之间、2000~4750美元之间、4750美元以上四个阶段。每个阶段随着国内经济实力的增强，本国所有权优势和内部化优势增强，外国区位优势增加，从外资净流入国逐渐成为净流出国。

投资发展周期理论把对外投资额与人均国民生产总值等经济变量结合起来，阐释了投资发展阶段顺序推移及其内在机制，阐明了对外投资发展的动态性质，深化了国家生产折中理论。其缺点在于仅使用了人均国民生产总值这一个指标来说明一国的经济发展阶段，并以此来表明企业所有的优势和对外投资规模。

从当前的主流发展中国家对外投资理论可以看出，其一是将发展中国家的对外投资纳入整个国家经济发展的长期过程进行考察，从国家层次和产业层次对对外投资流向和投资地位进行考察；其二是根据传统发达国家对外投资理论的研究思路，通过从发展中国家跨国企业自身的特点出发，从企业微观层面来研究各发展中国家跨国企业对外投资的竞争优势来源。

（四）其他投资理论

除上述理论外，还有其他关于发展中国家跨国并购的理论，如长期战略考虑理论，该理论认为企业跨国投资有出口导向型、市场拓展型和政府倡导型，不同的因素决定了对外投资的分类，企业应当考虑长期发展战略，在投资的选址时也应当考虑企业未来的发展。产业结构理论认为全球产业转移不仅是发达国家向发展中国家转移，也有发展较快的发展中国家向发展较慢的发展中国家转移，还存在发展中国家企业利用比较优势向发达国家逆向并购，甚至为了产业结构转型升级，通过并购发达国家先进企业和现代产业部门，建立技术密集型的生产体系。资本过度积累理论认为发展中国家具有现代工业部门，也有传统农业部门，两个部门之间的联系是比较弱的，农业部门并不能对工业部门提供的经济发展机会做出及时反应，导致两个部门之间产生巨大差距，因而出现结构性供给过剩的相对过度资本积累，导致跨国投资。

国家利益优先取得论认为在跨国投资没有比较优势无法取得经济效益的情况下，以获取有利于国家发展的其他资源为目的进行跨国投资。

第四节 企业跨国并购的相关研究

随着全球经济一体化的加深，跨国并购逐渐成为企业对外拓展扩大规模的重要方式，国内外学者对跨国并购的研究也愈加重视，研究成果非常丰富，总体上对跨国并购的研究集中在三方面：一是对跨国并购动因的研究；二是对跨国并购过程的研究，包括尽职调查、谈判磋商、支付方式、并购整合等；三是对跨国并购绩效的研究，包括对股东财富即市场绩效的研究和长期经营绩效的研究。本节对企业跨国并购的过程和绩效进行文献综述，将并购动因与中国企业跨国并购动因的文献综述放在第三章。

一、企业跨国并购过程的研究

对跨国并购过程的研究主要分为并购前、并购中和并购后。在实施跨国并购前进行尽职调查，可以有效地选取符合企业并购目标的企业，并尽可能降低并购中和并购后整合的风险。从目前大多数学者的研究来看，认为应当在制度环境、文化距离、法律法规和目标企业的经营情况、债务情况等方面进行全面翔实的调查。Angwin（2001）认为由于尽职调查的重要性和复杂性，且面对东道国不同的法律、政策和语言，中介机构发挥了重要的作用，可以比较有效地保证调查的科学合理性并促成某些并购交易的达成。在对目标企业的评价和选择方面，张桂玲（2009）使用了层次分析法，通过建立一套完整的指标体系，对目标企业进行评价和选择。胡冬红（2012）利用实务期权理论，对目标企业价值进行评估，并利用三叉树离散模型来计算并购后企业价值，包括乐观情形下的并购和悲观情形下的并购两种情形。付婷婷（2007）从企业的财务情况、组织管理情况、产品所在行业和市场情况、技术创新和未来发展前景等方面建立选优决策理论模型，以此评估目标企业的价值。

并购中的谈判协商中双方的协商重点主要在于并购企业的持股比例和控

制权、支付价格以及支付方式。虽然在并购前期针对目标企业做了尽职调查，但由于信息不对称，双方的价格协商仍是重要环节。在并购企业关注的并购溢价方面，Harris 和 Ravenscraft（1991），Inkpen 等（2000）研究认为在跨国并购中并购溢价是大概率事件，并购企业通常会支付过高的并购成本，只能通过对并购对象资产进行准确的价格评估来降低溢价的概率。Dewenter（1995）认为跨国并购和国内并购在目标企业的价值评估和并购价格上并无显著差异，而 Inkpen（2001）研究认为跨国并购的协商过程非常关键，中介机构在其中发挥了重要作用，并购溢价的情况较为普遍。Shleifer 和 Vishny（1986）研究认为在跨国并购中，并购企业对目标企业持有的股权比例与跨国并购的成功率呈正相关关系。在跨国并购的支付方式上，Huang 和 Walking（1987），Child（2003）认为现金支付、股票支付和混合支付三种方式会对企业在后续的整合方式和并购企业的预期收益上产生不同的影响。不同的并购方式也会对并购企业产生影响，Ravenscraft 和 Scherer（1987），Sirower（1997）研究了不同会计核算方法对跨国并购的影响，发现权益结合法通常导致溢价并购，而溢价并购会导致企业支付过高的并购成本，从而导致后续的整合和经营出现负面情况。

在跨国并购完成后，实施有效整合关系到并购是成功还是功亏一篑，是并购企业关注的重点也是学者研究的重要领域。企业只有将获取的资源与企业成功整合，才能发挥资源优势获取市场（Geyskens et al., 1998）。两国之间的民族文化差异导致并购企业和目标企业的管理风格和决策方式存在差异，影响高管的合作和普通员工的交流，是并购后整合的难点（Weber et al., 1996; Hitt et al., 1997）。两国之间的制度会导致并购企业在并购后采取不同的管理和控制体制，制度差距和管理层冲突两者之间呈正相关关系（Calori et al., 1997; Newman, 2000）。李明等（2010）研究认为对相关行业的并购有利于获得相似或互补性资源并有效配置，降低后续实施整合的难度。Bauer 和 Matzler（2014）研究了并购实施后的整合程度对绩效的影响，发现企业并购后的整合程度与并购绩效之间呈正相关关系，整合程度越高协同效应越好，管理成本越低，但对企业创新有不利影响。也有学者研究整合速度与跨国并购之间的关系，Ranft 和 Lord（2002）认为并购整合的速度较慢有利于企业管理层之间的磨合和建立信任关系，从而降低双方之间的冲突，降低整合的成本，而 Bauer 等

（2016）则研究认为并购后的整合速度与并购成功之间呈正相关关系。

二、企业跨国并购绩效的研究

跨国并购绩效通常分为财务绩效（短期绩效）和经营绩效（长期绩效），Franks（1991）指出可以通过企业并购公告发布后的股票价格的变动来衡量是否为股东创造了价值，并购的绩效通过股票价格来体现，也称为交易绩效。Parrino（1999）提出运用企业的财务指标来综合衡量跨国并购对企业长期经营成果和财务状况的影响，考察并购是否为企业实现了协同效应和整合效果。国内学者大都采用事件研究法和会计指标法衡量并购绩效，利用事件研究法分析并购后股票价格的波动，以此评价跨国并购是否增加了股东财富；会计指标法用于测量企业并购后的经营业绩和偿债能力等，以此评价跨国并购是否实现了企业价值最大化。

（一）跨国并购的财务绩效评价

对目前的文献梳理来看，通常使用事件研究法通过股票市场价格的波动来测量企业跨国并购的财务绩效。现有的研究结果分为两类，一类认为跨国并购能为并购企业创造财富效应，另一类认为跨国并购并没有为企业带来显著为正的财富效应，甚至给企业造成了损失。

Conn 和 Connel（1990）通过对英国和美国企业之间的跨国并购研究发现，并购企业可以获得2% 的超常收益。Corhay 和 Rad（2000）研究荷兰企业的跨国并购时发现荷兰企业在并购西欧企业时，在（-5，+5）的窗口期内可以获得1.44% 左右的超常收益，在并购美国企业时只能获得0.68% 的超常收益，但在（-40，+40）的窗口期内则可以获得4.5% 左右的超常收益，他们认为企业跨国并购的市场绩效受国家地区、行业类别等因素的影响。郭继辉（2008）研究发现中国企业跨国并购主要集中在能源、汽车和家电等行业，这些企业进行跨国并购主要出于战略发展目的，并购能带来超常收益，且国有企业的收益高于民营企业。王颖（2009）通过对2005—2008年中国资源型企业的跨国并购进行研究，发现这些企业的跨国并购在并购公告发布的第15日，股票价格就有了正的超常收益。陈晨（2012）研究了2000—2010年中国企业和印度企业的跨国并购，发现中国和印度的并购企业在并购公告日前后都获得了正的超常收益，增加了公司价值。邵新建和巫和懋等（2012）通过对中国上市公司跨国并购的实证研究，发现在并购公告日附近有显著的超常收益，表明实施并购增加了股东财富。

在跨国并购并未带来股东财富增加方面，Datta 和 Puia（1995）通过研究美国企业跨国并购的案例，发现（–1，+1）、（–15，+15）的窗口期内并购企业获得显著为负的超常累积收益，在（–30，+30）的窗口期内累积超常收益为 –2.54%，他们认为跨国并购给股东财富带来损失而不是收益。高颖和侯铁珊（2009）对中国上市公司的跨国并购运用事件研究法进行实证分析，发现在（–1，+1）的窗口期内企业有正的超常收益，但在（–20，+20）的窗口期内股票价格逐渐恢复到正常水平，没有大的浮动，认为跨国并购并未给企业股东带来价值提升。闫雪琴和孙晓杰（2016）运用事件研究法考察中国企业跨国并购，发现跨国并购事件在短期内并未给企业创造价值。

（二）跨国并购的经营绩效评价

国内外文献对经营绩效的评价通常使用会计指标法。与跨国并购的市场绩效类似，部分学者认为跨国并购使企业产生了协同效应，提升了企业经营绩效。王谦和王迎春（2006）通过对沪深两市上市公司的跨国并购研究发现，并购第一年企业的超额净资产收益率和超额总资产收益率为负，但随后几年会逐渐好转为正，企业实施跨国并购后经营能力、协同效应会逐渐体现。Gugler 等（2003）运用会计指标法对20世纪90年代欧洲、美国、加拿大、澳大利亚、新西兰等国家跨国并购的企业与未进行跨国并购的企业进行对比研究，发现这些企业在跨国并购后的五年里，销售收入有所下降，利润有一定程度的提升。倪宁大（2007）研究认为中国企业跨国并购的价值创造主要表现为股价效应、财务效应、市场效应、技术与管理效应和产业效应以及促进国家战略导向的实施，长期来看中国企业的跨国并购实现了价值创造。薛求知和冯峰（2019）通过对中国沪深两市上市公司对发达国家或地区的跨国并购的研究发现，企业可以通过跨国并购的信号作用改变企业利益相关者的任职和行为，向客户传递积极信息，提高企业销售收入。

部分研究认为跨国并购并未给企业经营业绩带来提升，褚音（2009）通过研究跨国并购母公司的财务指标，发现并购后的经营业绩并未达到预期的水平，除业务结构得到优化外，营运能力、盈利能力和偿债能力都没有得到改善，有的企业财务指标还出现了下降的情况。Stiebale 和 Trax（2011）对英法两国企业的跨国并购事件进行分析，结果显示通过跨国并购提高了并购企业的销售规模和投资规模。陈共荣和毛雯（2011）对2007—2009年中国上市公司的跨国并购事件进行了研究，发现虽然在并购当年企业经营绩效有一定提升，但长期来看并未显著提高企业的业绩。政治风险对短期和长期绩效影响不显著的主要原因在于未考虑双边外交关系对政治风险的减轻作用，且在政治风险的成因、评价范围和评价指标的选取上由于主管定性评价太强，导致对政治风险的评估存在缺陷。黄锦涛（2016）和苏莉（2017）研究跨国并购对中国制造业上市公司生产率的影响，发现跨国并购虽然可以快速扩大企业规模，但公司的盈利反而下降，表明跨国并购对企业全要素生产率没有正向促进作用。

还有部分研究认为跨国并购能使目标企业的经营绩效得到改善，但对并购企业的绩效没有明显提升。Uminiki（2001）通过对波兰企业跨国并购的定性观察和财务数据衡量，发现通过外资并购后私有化的企业比国内并购私有化的企业具有更好的经营业绩。Zemplinerova 和 Jarolin（2001）通过对捷克和斯洛伐克被跨国并购的企业研究发现，被跨国并购的企业的生产率不仅高于国内企业，也高于绿地投资的企业。而 Dickerson 等（1997）对英国跨国并购的企业长达十余年的研究发现，并购企业与并购前相比利润率几乎没有什么增长，并且与并购以来内部增长的企业相比利润率反而下降了。毛雯（2011）运用因子分析法研究跨国并购绩效，发现并购企业在并购当年业绩上升，但随后逐渐下降，长期看并未提高企业的经营业绩。Bertrand 和 Betschinger（2012）研究了俄罗斯企业跨国并购的情况，发现由于俄罗斯企业并购经验和能力的不足，导致并购后企业经济绩效下滑。

综上所述，本书在综合国内外学者的研究方法的基础上，结合本书的研究内容和数据可获得情况，采用事件研究法对跨国并购的绩效进行评价，通过测量企业在跨国并购前后股票市场价格的变动，即跨国并购的溢价来衡量此次并购的绩效。

第五节　企业跨国并购行为的影响因素

目前对这方面的研究，学者们主要从交易费用学说、企业并购理论、企业成长理论、产业组织理论和组织学习理论等出发来解释跨国并购影响因素的动态理论，从理论渊源上将上述五种理论概括为交易费用学说、市场不完全学说，以此构建解释跨国并购影响因素的一般理论模型。在实证研究方面，大量学者主要从并购企业和目标企业的特征、所在行业特征、并购交易特征和并购双方国家特点等几方面进行分析。本书基于对上述文献的分析，根据上述四方面对跨国并购的重要影响因素进行综述。

一、并购企业特征

（一）企业的无形资产优势

根据交易成本理论，企业可以通过并购内部化减少中间环节容易导致的市场失灵，以此减少交易成本，所以那些具有无形资产优势的企业更倾向于通过并购减少中间产品的市场失灵以创造价值。Morck 和 Yeung（1992）通过对美国企业20世纪80年代的跨国并购进行分析，从研发强度和广告强度两个维度进行测量，发现企业的研发强度和广告强度和企业跨国并购绩效呈正相关关系。Anand 和 Singh（1997），Seth 等（2002）认为具有无形资产优势的企业在跨国并购中通过获取战略性资产以增强其竞争优势，并购企业可以通过反向内部化利用目标企业的无形资产。Gregory 和 McCorriston（2005）对英国企业跨国并购的研究也得到了相似的结论，研究发现实施并购后的市场绩效主要取决于企业的研发优势，企业自身特定优势越明显，并购的市场绩效越好。

（二）企业的跨国并购经历

企业跨国并购的经历和经验会影响后续跨国并购行为，Markides 和 Ittner（1994）研究发现并购企业之前的国际化经历与其通过并购获得的超额回报呈正相关关系。Oviatt 和 White（1994）研究表明企业积累的跨国并购经历，使其在并购前的并购对象选取、并购过程中的协商以及后续的整合工作都更为有利。Haleblian 和 Finkelestein（1999）研究发现企业的并购经历在短时间内提升了并购绩效，但因经济环境的极快变化，如果企业始终囿于之前的并购经验，那么随着时间变化企业的业绩将会持续下降，企业的跨国并购经验与绩效呈一种倒 U 形的关系。Han（2002）通过研究在中国投资的韩国企业的投资数据发现，之前有较多并购经验的投资者相比其他投资者能取得更好的业绩。Hutzschenreuter 等（2014）认为并购企业的经验积累与并购绩效之间存在正相关关系。企业之前的并购经历会对并购行为产生影响，企业之前的跨国并购经历为其提供了经验，增强了企业对跨国并购的偏好和信心，使之倾向于再次进行并购（阎大颖，2009）。陈晓芳和魏景赋（2015）对2005—2012年中国上市公司的跨国并购时间进行分析，认为企业跨国并购经历越多，更倾向于对相关行业企业的并购，且并购的规模也越来越大。也有学者研究认为企业的并购经历与并购绩效之间不存在相关关系，陈瑜（2009）研究中国上市公司的并购后发现随着企业并购次数的增多，并购公告日公司股票价格的波动减小。

（三）企业的规模

通常认为企业可以通过跨国并购将经营业务拓展到其他国家和地区，通过利用东道国的本土优势和经营机会，避开贸易壁垒，节约交易成本，降低经营成本，提高经营效率。企业通过跨国发展扩大企业规模，在企业内部实现更加专业的分工和国际化协作，实现规模生产和规模经营。但通过跨国并购实现国际化经营，特别是在制造业、银行、电信等对规模经济要求高的行业，需要企业具有巨大规模和雄厚的经济实力。企业规模是进行跨国并购的必要条件，但从现有研究来看，企业规模对跨国并购的绩效并没有显著影响，甚至呈负相关关系，Martynova 和 Renneboog（2008）通过对欧盟国家企业的跨国并购研究发现，并购企业的规模与市场业绩之间呈负相关关系；Aybar 和 Ficici（2009）通过对新兴发展中国家企业的跨国并购研究发现，企业规模和并购绩效之间不存在显著的相关关系。研究认为规模大的企业通常有较强的经济实力和经营能力，但由于企业规模大、组织的稳定性强，企业在面对不同于国内环境的东道国环境时，缺少了适应东道国经营环境的能力。陆瑶等（2011）研究中国企业跨国并购时发现，当并购企业规模较小，但对目标公司控制程度较高时，并购企业可以通过跨国并购获得显著为正的财富效应。

（四）企业的国际化经历

并购企业的国际化经历会对其实施跨国并购产生影响，组织学习论认为企业的国际化经验会对企业在跨国并购时发挥企业优势资源和发掘目标企业资源产生影响，具有国际化经验的企业在选择跨国并购目标企业和并购后的整合中，能运用其经验更快地适应东道国环境，提升并购整合效应。Markides

和 Ittner（1994）研究发现企业的国际化经历有助于其在跨国并购中获得超额回报，两者之间呈正相关关系。Benou 等（2007）在对美国高科技企业跨国并购的研究也得出类似的结论，具有东道国市场经历的企业进入目标企业市场能获得正的财富效应。Aybar 和 Ficici（2009）研究发现由于缺乏市场知识，特别是跨国并购中的国际市场知识，那些缺乏国际化经历的并购企业在并购后的整合与经营显著低于拥有国际化经历，特别是在东道国市场经历的企业。阎大颖（2009）研究发现中国企业的国际化经历越丰富，跨国并购的绩效越好，东道国政府对经济运行的管制越宽松，中国企业取得的跨国并购绩效越高。

还有部分学者从目标企业的特征进行跨国并购的研究，因目标企业并不位于本国，且相当部分是非上市公司，相关数据获取的难度较大，因此从目标企业特征这个角度进行跨国并购研究的学者较少，成果也不多。Cakici 等（1996）研究目标企业的相对规模对跨国并购的影响，研究发现目标企业的相对规模与跨国并购的绩效没有相关关系。Martynova 和 Renneboog（2008）将目标企业分为上市公司和非上市公司，研究发现当目标企业为上市公司时，并购企业的累积超常收益显著为负，当目标企业为非上市公司时，并购企业获得显著为正的并购收益。Burns 和 Liebenberg（2009）通过对美国跨国公司的并购数据的实证研究，发现不论是上市公司还是非上市公司，都可以获得显著为正的累积超常收益。

二、并购的相关程度

通常认为企业实施相关并购目的在于实现规模经营，增加进入壁垒，降低产品成本，增强产品竞争力，而实施非相关并购主要是为了通过分散的多元化经营降低企业经营风险，增强抵御风险的能力。Markides 和 Ittner（1994）也得出类似的结论，认为企业更倾向于相关并购，相关并购比非相关并购能降低企业并购后的整合成本，能为企业创造更多的价值。Datta 和 Puia（1995）通过对发达国家企业跨国并购的研究发现，相关并购数量远多于非相关并购，企业相关并购获得的收益也远大于非相关并购。Martynova 和 Renneboog（2008）研究发现企业实施的非相关并购降低了企业并购获得的收益。中国学者王倩（2013）研究认为相关并购能将并购企业的行业管理能力更好地转移到目标企业，从而实现规模经济的协同效应。万良勇等（2016）通过对中国上市公司的并购行为的研究发现，并购行为具有显著的行业效应，倾向于并购同行业公司。闫华红和曹萌萌（2012）对横向并购、纵向并购和混合并购三种模式进行了研究，发现横向并购能更好地实现管理协同效应，纵向并购次之，混合并购最差，在并购绩效方面，横向并购的绩效最好，混合并购次之，纵向并购最差。

三、并购双方国家特征

（一）汇率因素

汇率是影响跨国并购行为与绩效的重要影响因素，Harris 和 Rravenscraft（1991）实证检验了企业跨国并购获得收益和汇率的相关关系，研究发现美元处于强势地位的情况下，美国企业进行跨国并购获得的收益越大，与之相对应，如果美元相比并购方的货币处于弱势地位，将美国企业作为并购目标获得收益也越高。Kang（1993）通过研究日本企业对美国企业的跨国并购发现，日本企业并购的超额收益与美元的弱势呈正相关关系。汇率的升值意味着东道国本国货币计价的财富增加，有利于吸引外商直接投资（Li and Rengifo, 2018），当汇率波动较大时，企业可以通过跨国并购实现多国经营，作为风险对冲降低汇率风险（Huston and Laing, 2014）。国内学者主要从微观层面研究汇率变化对跨国投资的影响，税率水平的变动会对跨国投资产生不确定性影响（田巍、余淼杰，2017；张夏等，2019），总体而言，人民币相对美元的不断升值，利于中国企业的跨国并购，民营企业跨国并购的绩效优于国有企业，在海外上市的公司业绩好于在国内上市的公司（顾露露、Reed，2011）。

（二）文化差异

文化差异一直被认为是影响并购行为的重要因素，并购企业母国和东道国之间的文化差异影响并购中的协商和之后的整合，协商和整合成本因双方所在国家的文化距离而不同。Hisey 和 Caves（1985）研究美国企业的跨国并购，发现在英语国家或周边的拉美国家，美国企业并购之后的整合成本要低一些。Larsson 和 Finkelstein（1999）研究认为文化差异可以为企业带来更高价值的并购对象，同时在并购整合中的员工流失率也越低。并购双方的文化差异对并购的影响主要体现在并购后的整合阶段，会对并购后整合的方式、内容和进度产生影响（Slangen, 2006；Mulok and Ainudin, 2010）。李进龙等（2012）研究中国企业跨国并购时发现，中国企业在制度复杂、双方民族文化差异很大的东道国实施并购，产生的协同效应越大，取得的并购绩效越好。还有部分学者研究认为并购双方之间存在文化差异，可以帮助企业获得不同的文化背景，通过双方管理方式和组织习惯的学习产生促进作用。

（三）经济和制度发展水平

长期以来跨国并购主要以发达国家跨国企业为主，近年来随着以中国、印度为代表的一批发展中国家经济快速增长，发展中国家企业跨国并购也不断增多。发达国家和发展中国家之间由于经济发展水平的差异，两者之间的跨国并购通常会在资源和能力上产生一定的互补性。Waheed 和 Mathur（1995），Liebenberg（2009）通过对美国银行和企业的跨国并购研究发现美国企业并购新兴经济体的银行和企业与并购发达国家的银行和企业相比，可以获得更高的累积超常收益。Gubbi 等（2010）研究了新兴发展中国家企业实施的跨国并购，发现本国与东道国的经济差距和制度差距越大，并购企业获取的并购收益也越高。张建红和周伟鸿（2010）从制度框架层面研究中国企业的跨国并购，认为在非正式性制度方面，中国国有企业在资源类并购中会比民营企业遭遇更多阻碍。葛晓春（2010）和荣睿（2012）通过对中国制造企业的跨国并购实证研究，发现中国经济的高速增长和实力壮大是企业实施跨国并购最主要的原因。

第六节 本章小结

现有的文献大多以跨国并购理论为基础，从多个角度对跨国并购行为影响因素进行研究，对跨国并购进行阐释，但较少从政治互信的角度来分析对跨国并购行为的影响。从现有研究来看，由于中国企业走向海外进行跨国并购在近十年逐渐增多，建立在中国经济四十多年高速增长取得巨大成就的基础上，因此对中国企业大规模实施跨国并购的研究较少，国外学者普遍对中国企业跨国并购的关注程度较低，国内学者开展这方面的研究时间也较短，研究上还存在诸多不足：

首先，由于中国企业大规模走出国门实施跨国并购的时间较短，学者们对这方面的实证研究并不多，并且囿于前期的研究关于中国企业跨国并购的数据不够丰富，选用的样本容量较小，因此缺乏大样本的研究。近十年来中国企业大量的跨国并购行为积累了较为丰富的样本数量，为本书开展这方面的研究提供了较好的数据支持。

其次，在跨国并购的影响因素方面，现有研究大都从并购企业和目标企业的特征、所在行业特征、并购交易特征和并购双方国家特点等几方面着手，研究的深度和广度还不够。随着中国经济实力的不断壮大，在全球的政治影响力也不断提升，特别是"一带一路"倡议的提出、亚洲基础设施投资银行的设立等，中国政府也将"韬光养晦"的外交策略进行调整，发挥中国的大国影响力，承担国际责任的同时"有所作为"。因此，政治互信成为影响中国企业跨国并购的重要因素，国内学者对这方面的关注较少。

最后，目前系统地研究政治互信对跨国并购的影响的文献还比较少，对政治互信的分析主要从高层互访、建交时间、友好城市、双边投资协定等角度研究对跨国并购的影响，没有多维度、全框架对政治互信对跨国并购的影响进行分析。且现有文献研究政治互信对跨国并购的影响方面还大多集中在跨国并购区位选择的影响方面，没有从动态角度分析政治互信对跨国并购的长期影响。

鉴于上述现有研究的局限，本书在研究中国企业跨国并购时内容将更加系统化，从中国与其他国家建交的历史友好关系、当前双方在响应和参与"一带一路"建设等国际事务的友好互信以及面向未来的以留学教育提升文化软实力建立互信基石等三个维度，聚焦政治互信与跨国并购两者的关系。通过搜集近十年中国企业跨国并购的数据，力图在更广的层面更深入地对中国企业跨国并购行为进行研究。

第三章

中国企业跨国并购的发展回顾

第一节　中国企业跨国并购历程

中国企业跨国并购的历史也是一部改革开放加强与国际社会交流的历史，党在确立了以经济建设为中心的发展战略后，开始以服务国内经济建设为目的积极开展对外活动，积极吸引和利用外国的资金和技术，为中国经济迅速发展提供了助力。与此同时，不少中国企业在发展到一定阶段后开始走出国门，进行跨国投资。经过改革开放40多年的经济发展，中国企业跨国并购取得了相当大的成就，中国也成为跨国并购大国。中国企业的跨国并购活动可以大体分为三个阶段。

一、萌芽阶段：20世纪80年代至1991年

20世纪80年代初，我国政府根据国际国内形势的变化，确立了不与任何大国结盟的独立自主的外交方针，逐步改善了中国与苏联及其盟国的关系，发展了与美国及其盟国的关系，为中国经济的发展提供了良好的外部环境。特别是与日本和西欧国家关系的进一步发展，为改革开放初期的中国在资金和先进技术方面提供了大量的支持，也为中国企业"走出去"搭建了投资的通道。与此同时，国务院提出了"国办企业走出去"的政策，支持有一定竞争优势的国有企业进行投资。此阶段参与跨国投资的主要是大型国有企业，投资领域主要是建筑工程、加工装配、咨询和服务业，投资对象主要是美国、加拿大等国家或地区，投资的规模也较小。20世纪80年代中期我国先后颁

布法律法规允许企业在境外开办非贸易性合营企业，初步打开了跨国投资的大门，中国企业对外直接投资进入新中国成立以来第一个高潮期，1984年和1985年两年期间，共开办国外企业119家，分布于40多个国家和地区，总投资额约1.95亿美元。

中国企业对外投资与政府的引导密切相关，国家外汇管理局于20世纪80年代末颁布对境外投资使用外汇的规定，进一步规范了跨国投资的流程，我国企业跨国投资进入稳步增长阶段，根据对外经济贸易年鉴的统计，截至1991年年底，我国对外投资总额为52.5亿美元，对外投资存量的复合增长率高达35%，设立境外非贸易型投资企业1200多家。投资领域逐步向资源开发、制造加工、交通运输等多个行业拓展。但此阶段国有生产型企业、信托投资公司还较少参与对外直接投资，民营企业还处于发展成长时期，能参与对外直接投资的就更少了，进行对外直接投资的主体主要是外贸公司、国际经济技术合作公司。1982年至1991年，根据中国政府公开宣布的数据，实施了34起跨国并购交易，交易金额约7亿美元，实际并购数21起，并购金额约4亿美元。大型并购如1985年首都钢铁公司并购美国麦斯塔工程设计公司；1986年中国国际信托投资公司并购加拿大赛尔加纸浆厂；1988年中国化工进出口总公司收购美国西海岸太平洋炼油公司50% 股份等。

这一时期中国企业的跨国并购对象主要是与中国处于蜜月期的美国和有较好双边关系的加拿大和西欧国家，参与跨国并购的企业主要是实力较强的国有企业，但并购的数量少、规模小，并购领域也主要在资源开发、制造加工和交通运输等行业。

二、快速发展阶段：1992年至2007年

20世纪90年代初期，冷战的终结、地缘政治对抗的结束，给中国的国际交往带来了严峻的挑战，也带来了不可多得的发展机遇。中国开始进一步融入世界经济贸易体系，熟悉世界经济贸易规则，以更加开放的姿态主动融入世界。从国际环境来讲，经济全球化加快发展，各国经济联系和依存度更加密切，不同发展水平、发展模式、意识形态的国家和地区，共同参与到统一的世界经济体系中，全球贸易规则更加统一，国与国之间的外交协调更加重要，大型的跨国企业成为主导世界经济的重要力量。我国也确立了建立市场

经济的目标，在财税、金融、外汇以及投资等方面做了一系列重大改革，进一步深化经济体制改革，推动对外开放向纵深发展。2001年中国加入世界贸易组织，为中国深入参与经济全球化提供了重要契机，中国成为国际经济舞台上的平等参与者和国际经济秩序的重要维护者，中国开始更广泛、更深入地融入国际社会，“合作、对话、避免对抗”成为中国参与国际事务的基本原则，经济因素在中国对外交往中占有越来越重要的地位，中国深入开展全方位，多层次的对外交往，中国以更加积极开放的姿态开展对外交往，积极在更广阔的国际市场中参与竞争与合作。

从1992年至2000年年底，我国对外投资总额达到233亿美元，投资领域向资源开发、生产领域进一步扩展，投资遍及100多个国家和地区。跨国并购在对外直接投资中比例也明显提高，并购金额也屡创新高，1992年至2001年，中国企业实际完成并购交易238起，实际完成并购金额48.2亿美元。2001年中国跨国投资额达到68.8亿美元，迎来一个历史峰值，2002年和2003年受世界经济不景气和国内遭遇“非典”疫情的影响，投资额有所下降，但总的来讲，中国跨国投资增长迅速。投资额2002年至2007年，年均增长30%以上，2007年中国对外直接投资额达265.1亿美元，对外直接投资存量达到1280.6亿美元。这一时期中国企业跨国并购的数量不断增多，规模逐渐增大，并购的目标地区不断扩展，从美国、韩国和澳大利亚等发达国家和地区逐渐向哈萨克斯坦、委内瑞拉等发展中国家企业实施并购。参与跨国并购的主体不断扩大，大型国企如中海油、中石油、中国网通、京东方仍是跨国并购的主力，民营企业如万向集团、华立公司、德隆集团等成为跨国并购的新兴力量，万向集团从一个乡镇企业发展而来，成功并购美国UAI公司（Universal Automotive Industries，INC），吹响了中国民营企业进军跨国并购领域的号角。

三、跨国并购新阶段：2008年至今

2008年美国次贷危机爆发，引发全球进入新一轮的金融危机，特朗普政府不断退出美国主导和参与的一些多边组织，不断兴起的贸易保护主义使全球化发展逆转。我国牢牢抓住经济全球化带来的机遇，提出打造中国—东盟自贸区、亚太自贸区等，加快构建周边自贸区，全力推进同相关国家的投资保护协定谈判，为中国企业“走出去”进行安全有效的全球布局。党的十八大后，习近平总书记提出了“一带一路”倡议，进一步拓展同周边国家的经

济合作的广度和深度。2013年，国务院公布了《政府核准的投资项目目录》，目录对国家发改委和商务部的投资审批权限进行了大幅削减和下放。2016年，国务院常务会议又将投资项目前期的审批事项由65项减少至42项，将规划许可和市政建设等24项审批整合为8项，保留事项纳入政务在线服务平台。中国政府不断简政放权，优化对外投资审批流程和时限，为中国企业创造了更好的对外投资环境。中国企业的跨国并购实现了跨越式发展，综合国力和国际影响力得到显著增强。

2009年中国企业发起的跨国并购达到460亿美元，创下了中国企业跨国并购的高峰。中国政府不断简政放权，优化对外投资审批流程和时限，为中国企业创造了更好的对外投资环境。随着2017年全球经济增长放缓，中美贸易摩擦加剧，在2016年中国跨国投资达到高峰后，2017年和2018年跨国投资持续下降。但中国坚持深化改革，扩大开放，通过各种形式的多边外交促进与国际社会的合作互动，加强中国与世界的交流与合作，在国际社会发挥中国特色大国的作用。2020年对外直接投资达1537.1亿美元，跃居全球第一。2002年至2020年中国跨国投资年均增长25.2%，2012年到2018年中国连续9年位列世界跨国投资流量前三。2013年至2020年累积对外投资流量达11647.4亿美元，占对外直接投资存量的45.1%。受“疫情”影响，2020年中国企业对外并购总体规模下降，实际交易金额282亿美元，同比下降17.7%，但并购数量增加，共实施跨国并购513起，较上年增加46起，结构持续优化。

第二节　中国企业跨国并购的主要特征

中国企业在改革开放后走出国门，伴随着中国经济的成长披荆斩棘发展壮大。改革开放初期个别国有企业尝试跨国并购，主要并购一些资源开发、制造加工等初级产品的行业；20世纪90年代中国确立了建立社会主义市场经济，致力于融入国际经济体系，以经济建设为中心，进一步鼓励各种所有制企业“走出去”，民营企业开始跨国并购；2001年中国加入世界贸易组织，中国成为国际经济体系中平等的一员，经济的腾飞带来了跨国并购的高潮，

2008年的金融危机后，中国开始从全球经济合作者转变为引领者，中国企业的跨国并购从传统行业逐渐扩展到高科技行业；党的十八大以后，习近平总书记提出了“一带一路”倡议这一综合性经济外交大策略，加强构建周边自贸区，全力推进与相关国家的投资保护协定谈判，即使面临中美贸易摩擦、东道国对并购的管控等逆全球化趋势的不利影响，中国企业在并购金额和数量整体上仍呈现出整体上升的趋势，总体上体现出以下特点。

一、并购领域广泛，行业结构优化

中国企业从最初的并购资源、制造加工、交通运输等传统行业，到逐步开始并购计算机、金融业、精密仪器、医疗等高科技行业。虽然受到特朗普政府制造的中美贸易摩擦、部分国家的刻意打压和全球经济不景气的影响，2020年中国企业跨国并购金额相比2018年和2019年连续两年下滑，但仍实施跨国并购513起，实际并购金额282亿美元，并购行业仍以电力、热力、燃气及水的生产和供应业为主，基本涵盖了制造业、采矿业、交通运输、金融业等16个行业大类，如表3-1所示。

表3-1 2020年中国跨国并购金额及行业构成

行业类别	数量（起）	金额（亿美元）	金额占比（%）
电力、热力、燃气及水的生产和供应业	27	97.5	34.6
制造业	152	69.7	24.7
交通运输、仓储、邮政	17	33.1	11.7
采矿业	12	27.5	9.8
信息传输、软件和信息技术	87	20.0	7.1
科学研究和技术服务业	81	14.3	5.1
租赁和服务业	34	7.4	2.6
农林牧渔业	19	4.1	1.5
批发和零售业	62	3.8	1.4
建筑业	5	2.8	1.0
教育	3	0.6	0.2

续表

行业类别	数量（起）	金额（亿美元）	金额占比（%）
居民服务 / 休息和其他服务	6	0.4	0.1
文化 / 体育和娱乐业	3	0.4	0.1
其他	5	0.4	0.1
总计	513	282	100

数据来源：根据商务部公布数据整理

中国企业跨国并购涉及16个行业大类，从并购金额来看，电力、热力、燃气及水的生产和供应业连续多年成为跨国并购金额最大的行业，制造业成为第二大并购金额的行业。这也表明随着中国经济进入新常态，经济发展模式不断调整，产业结构不断优化，中国企业的跨国并购也从最初的资源获取为主，不断向技术和战略性资产转变。通过实施跨国并购，提升企业技术研发实力和产品竞争力，实现全球价值链地位的提升，以化解国内制造业产能过剩。除制造业外，信息传输、金融业、租赁等行业的并购也增长明显，表明中国企业在实施跨国并购时也适应了国家产业政策，逐步从传统产能过剩的行业向新兴领域拓展。

二、东道国并购管控成为影响跨国并购的重要因素

根据联合国贸易与发展会议的统计，近五年来全球各国和经济体引入的与外国投资相关的政策措施大幅增加，这些引入的投资限制或监管措施主要涉及关键基础设施、国防相关产业、核心技术、敏感商业资产等与国家安全相关的产业。例如，澳大利亚加强对外国投资者并购电力行业和购买农业用地的监管；欧盟准备针对外国投资者建立投资并购审查框架；美国、英国、法国和德国加强了与国家安全相关的审查机制，扩大了外国投资者的审查范围和使用条件。随着美国与其他国家贸易摩擦的加剧，逆全球化和地方保护主义有所抬头，引入更强的限制或监管倾向的政策措施近年来成为一种趋势。根据联合贸易与发展委员会的数据，发达国家比发展中国家更倾向于引入限制或监管措施。

由于东道国的并购管控，中国企业部分跨国并购被东道国政府以国家安全或政策原因取消，主要分布在半导体和电子器件、金融服务业、数字地图

服务业和电信业。根据联合国贸易发展委员会UNCTAD统计，在中美贸易摩擦加剧的2018年，全球超过5000万美元的跨国并购中，至少有22项并购交易因并购管控被取消，是2017年的两倍，其中有8项并购交易由中资公司发起，占所有被取消并购交易数的三分之一。例如2018年1月，因考虑美国外资委员会不予批准，蚂蚁金服撤回了对美国金融交易服务提供商速汇金国际公司的收购要约。2018年5月，加拿大政府以国家安全为由，阻止了中国交通建设公司对加拿大第三大建筑公司阿肯集团的收购。以上列举的部分案例展示出东道国以出售关键基础设施或战略性资产影响国家安全为由，阻止了大量中国企业的并购，并购管控成为影响中国企业跨国并购的重要因素。

三、制造业成为中国企业跨国并购最多的行业

自2015年制造业在并购数量上超过采矿业，制造业连续多年成为中国企业跨国并购金额和数量最多的行业。中国自加入世界贸易组织后经济发展迅速，常年保持近两位数的经济增长，对能源和资源提出了更大要求。中国工业化程度迅速提高，矿产资源的供需矛盾突出，对外依存度不断升高，因此采矿业长期成为中国企业跨国并购的最主要的行业。中国经济在腾飞的初期，高耗能高耗电的粗放式发展不可避免。中国政府也不断强调节能降耗、保护环境，2007年时任国务院总理温家宝在两会期间提出要加快节能环保技术，推进以节能为目标的新设备和新技术，2015年中国正式提出了《中国制造2025》，力争用十年时间迈入制造业强国行列。中国企业的跨国并购从初期的寻求能源资源转向更全面更多元的战略布局，以制造业为首的实体经济并购比重持续上升，2015年至2020年制造业的跨国并购数量占比行业第一。

经过改革开放四十多年的快速发展，中国制造业技术显著提升，品种齐全，规模已跃居世界第一，在航天、光伏、电解铝、化工、轻纺等多个产业居世界领先位置，如发电设备约占全球总量的60%以上，汽车产量占全球总量的四分之一，机床产量占全球产量的40%以上。但中国制造业也存在大而不强的问题，部分制造业行业产能过剩，制造业增加值和资源利用率不高，并且面临劳动力成本不断上升的问题。随着2013年“一带一路”倡议的提出，区域性基础设施改善需求巨大，发展中国家众多的亚洲成为跨国并购的主要区域。相比亚洲大部分发展中国家，中国在机电制造、纺织业、家电制造业、化工、建材产业具有比较优势，把国内市场已经饱和的劳动密集型和技术成

熟的产业转移到发展中国家，实行当地化战略。欧美等发达国家成为中国主要的并购方向，通过并购获得国外先进技术和管理经验，对中国已经具备比较优势的产业，通过并购进入同一发展层级或更高层级的国家和地区，可以巩固自己的竞争优势。如珠海艾派克收购美国打印机巨头利盟国际，中国化工集团收购德国克劳斯玛菲提集团，美的集团收购德国库卡，中国企业通过跨国并购不断提高技术水平和比较优势，增强创新能力和整体竞争力，提升在全球产业分工和价值链的位置。

四、发达国家和地区是主要的并购目标区域

随着中国企业的发展壮大和中国经济的不断转型升级，企业的竞争优势来源逐渐从自然资源、廉价劳动力向创新能力转变，中国企业在不断增强自身创新能力的同时，通过跨国并购从发达国家和地区获得自身发展所需的创造性资产并与原有的竞争优势相结合，构建企业新的竞争优势。中国企业的技术水平与发达国家相比有一定差距，但在部分行业如家用电器、电子产品、通信、航空航天等领域已接近或超过发达国家的水平，中国企业在这些领域已具备了相对优势并向发达国家实施并购，利用发达国家的区位优势提升企业竞争力。发达国家和地区由于人均国民生产总值高、购买力强、市场容量大、社会分工细、技术发达，对中国企业有极强的吸引力。

表3-2　2016—2020年中国企业跨国并购目的地排行

	2016年	2017年	2018年	2019年	2020年
1	美国	瑞士	德国	芬兰	秘鲁
2	开曼群岛	美国	法国	德国	美国
3	巴西	德国	巴西	英属维尔京	智利
4	德国	巴西	智利	法国	开曼群岛
5	芬兰	英国	百慕大群岛	巴西	加拿大
6	英属维尔京	印尼	瑞典	开曼群岛	法国
7	澳大利亚	澳大利亚	新加坡	英国	巴西
8	法国	阿联酋	美国	秘鲁	尼日利亚
9	英国	新加坡	澳大利亚	新加坡	阿曼

资料来源：根据《世界投资报告》整理

从近年来中国企业跨国并购的主要目的地可以看出，欧美等发达国家是中国企业跨国并购的主要目的地，这些国家是全球新产品、新技术、新信息的主要来源地，通过在这些国家和地区并购经营，能帮助中国企业了解和熟悉国际市场规则，提升企业自身的技术水平和管理水平。如2016年，中国化工集团以430亿美元收购全球第一大农药、第三大种子农化高科技公司的瑞士先正达公司。通过此次并购，中国化工集团学习了先正达在技术研发方面的经验，获得了先正达在农化领域的技术和专利，填补了自身种子业务空白，平衡了产业发展格局。作为新兴经济体的中国对发达国家和地区的并购不是资本过剩型的投资，而是经济全球化所推动的非资本过剩型投资并购。近年来不断涌现出一批成功实现国际化、在全球颇有影响力的跨国企业，如华为、联想、海尔、阿里巴巴等，随着中国企业规模的不断壮大和技术的不断进步，对发达国家和地区的投资并购有其必然性，也会持续增加。

第三节　中国企业跨国并购的动因

目前国际上主流的跨国并购理论认为企业实施跨国并购的主要动因是跨国界转移风险，并充分发挥自身优势，在东道国形成垄断优势或者竞争优势，并获得超额利润。Dunning（1993）基于国际生产折中理论将企业跨国并购的原因分为资源导向型、市场导向型、劳动力导向型和战略导向型等四种类型。Wesson根据企业进行跨国并购是为了发挥已有优势还是为了获得有价值的资产将跨国并购的动因分为资产运用型（asset-exploiting ODI）和资产寻求型（asset-seeking ODI）。Kuemmerle（1999）将企业跨国并购的动因分为增强现有知识能力（home-base augmenting）和对企业现有知识的运用（home-base exploiting）两种类型。国内学者刘明霞（2009），在对中国等发展中国家新兴经济体跨国并购研究的基础上，认为发展中国家对发达国家的跨国并购是为了寻找创造性资产，这种创造性资产主要是指所有权、制度、经验、技巧以及组织能力等基于知识的资产。通过大量国内外学者的研究发现，近30年新兴的发展中国家跨国并购迅速增长，其对同为发展中国家的跨国并购是为了保障原材料，获得廉价劳动力以加强价格竞争优势；对发达国家的跨国并购是为了获得战略性资产以提升其非价格竞争优势。中国快速增长的跨国并购既充分体现出上述四类动因——资源导向、市场导向、劳动力导向型和战略导向，也具有自身的特色。中国企业实施跨国并购是来自国内市场的发展和自身成长的需要，也与国际环境的变化息息相关，是两者共同作用的结果。

一、资源导向

资源导向型是指企业为保证原材料等自然资源的供应，或为获得异质性资源，避免出现资源短缺或投入不足等情况，在全球范围内为寻找自然资源而进行的并购。资源导向型认为企业是资源的集合体，诸多因素导致不同企业的资源具有异质性，而这些异质性的资源构成了企业竞争优势的基础（Wernerfelt, 1984）。世界各国的经济发展水平不一致，自然资源的分布也不平衡，资源丰富的大多是发展中国家和地区，资源导向型并购可以在国外获取国内短缺的资源，维护材料来源的稳定性，并发挥区位优势。蒋冠宏和蒋殿春（2012）利用投资引力模型研究中国对95个国家的对外直接投资，表明中国企业对发展中国家和发达国家的投资动机有差异，对发展中国家的投资表现为寻求资源和市场。中国虽是世界上的资源大国，资源总量极为丰富，但人均占有量低，根据国家发改委的统计数据，中国人均煤炭、石油和天然气探明可采储量只有世界平均水平的58%、7.6%和7%，其他不可再生资源如铁矿、铜矿等人均占有量不足世界平均水平的1/3。黎平海和李瑶（2009）研究1984—2008年中国企业跨国并购的98个案例发现，在国家层面上中国政府出于国家安全考虑鼓励企业走出去，希望企业在跨国并购中获得海外资源以提升国家竞争力。随着中国经济的快速发展和工业水平的不断提高，对资源的需求愈加强烈，每年都从国外进口大量的石油、铁矿石、铜矿石、天然气等资源。根据《中国能源发展报告2021》，2021年我国能源生产总量为43.3亿吨标准煤，能源消费为52.4亿吨标准煤，均跃居世界首位。如表3-3所示，我国原油对外依存度升至71%，天然气对外依存度达到44%，我国能源对外依存度持续走高，能源安全形势有所恶化。

表3-3 2021年中国能源生产和消费情况

	生产情况	消费情况	缺口
总量	43.3亿吨标准煤	52.4亿吨标准煤	9.1亿吨标准煤
石油	1.99亿吨	6.8亿吨	4.81亿吨
煤炭	41.3亿吨	42.3亿吨	1.0亿吨
天然气	2076亿立方米	3690亿立方米	1614亿立方米

数据来源：根据《中国能源统计年鉴》整理

近几年这些资源和能源剧烈的价格变动，给中国经济和社会的平稳发展带来不利影响，我国能源供需矛盾和严峻的国际能源市场价格迫切需要中国企业进入国际市场，利用世界资源。因此保障稳定充足的资源和能源供应成为中国企业实施跨国并购的重要动因，通过跨国并购开发资源成为中国企业利用全球资源满足国内市场需求的有效途径。中国政府也提出要充分利用“两种资源、两个市场”的“走出去”战略，中国企业在国际能源市场也颇有收获，如首都钢铁公司收购秘鲁铁矿、中信公司并购澳大利亚波特兰铝厂、中石油收购哈萨克斯坦石油公司、中海油并购澳大利亚高顿天然气项目等，近年来在采矿业的投资并购主要是石油和天然气开发行业、黑色金属、有色金属矿采选业。

二、市场导向

市场导向型是指企业为扩大产品的世界市场，绕过关税壁垒和非关税壁垒，或为降低生产成本，提高国际竞争能力，将产品生产过程中的某环节转移到国外销售市场所进行的投资。市场导向动机的对外直接投资对企业盈利存在积极影响，跨国并购促进企业全生产要素提升和盈利状况改变（宋林、张丹，2019）。Baldwin 和 Caves（1985）认为在国际市场上产业壁垒对跨国并购的影响更大，在诸如电信、石油等基础行业，相比新设投资企业更愿意选择并购投资的方式以降低贸易壁垒的影响。Buckery（2007）通过对1984—2001年中国企业跨国并购动因的研究发现，寻求市场是中国企业进行跨国并购的重要动因。根据商务部统计数据，从2001年中国加入世贸组织到2021年，20年间全球对中国发起的贸易救济案件中，反倾销案件1314起，占全球反倾销案件近三成；反补贴案件196起，超过全球反补贴案件的三成。中国长期是全球被反倾销和反补贴调查最多的国家，涉及钢铁、铝、光伏、家电、轮胎、化肥等多类产品。中国作为世界上最大的货物贸易国，通过跨国并购可以占领当地的销售市场，绕过技术性贸易壁垒。中国在劳动密集型产业和中低端技术密集型产品生产上具有显著的优势，通过跨国并购拓展海外市场，可以产生市场扩大效应，增强市场份额和竞争力。

通过开拓国际市场有利于提升企业的风险控制能力，优化企业内部控制管理流程，并运用国际国内两个市场、两种资源有效规避单一市场的风险。特别是在传统的制造业如家电、服装、鞋类等行业，随着中国劳动力成本的提高和产能过剩，这些行业不得不开拓海外市场。在开拓海外市场的同时，中国企业也通过跨国并购增加东道国就业，促进东道国经济发展。家用电器、服装业、制鞋业与其他发展中国家的技术跨度小，容易接受并能满足东道国人民的生活需求，受到东道国较少的阻碍甚至得到东道国的鼓励和欢迎，通过对外直接投资可以绕过贸易壁垒，开拓海外市场。

三、劳动力导向

劳动力导向型是指企业为寻求更便宜的劳动力，以降低劳动成本、提高产品效益、增加企业利润而进行的对外投资。国际生产折中理论认为，以劳动力成本为主要组成部分的生产成本是区位优势的重要来源。改革开放四十多年，廉价的劳动力成本为中国吸引了巨大外资，对外出口成为拉动中国经济增长的三驾马车之一。随着国内劳动力成本的逐步上升，2008年《劳动合同法》颁布实施，张本波（2008）研究发现以职工工资为主体的直接劳动力成本快速增长、以社会保险为主体的间接成本上升，我国劳动力成本进入快速上升期。虽然我国国土的广袤和东西部发展的差距致使东部地区的企业不断向中西部转移，但实施跨国并购在国际市场上寻找廉价劳动力仍然成为中国企业的重要选择。自2008年《劳动合同法》实施以来，我国劳动力成本以年均10%的增长幅度快速增加，沿海地区企业用工成本不断攀升，虽然部分劳动密集型产业向中西部地区不断转移，但随着整体劳动力成本的上升和产业结构升级的压力，这些劳动密集型产业开始向劳动力成本较低的国家或地区转移。特别是向越南、印度、孟加拉国等人力资源丰富的国家转移，缓解了国内部分劳动密集型产业人工成本上升的压力。

通过向劳动力更廉价的发展中国家实施跨国并购，转移产能，既能增加东道国的出口并解决大量劳动力就业，也能加快中国制造业的结构调整，延长转移产业的生命周期。从传统制造业发展的规律来讲，从收入较高的国家向低收入国家转移是一个不可逆转的过程，也是低收入国家提高收入迈向中高收入国家不可或缺的阶段。对于初步实现工业化，需要产业结构转型升级的中国而言，将部分劳动密集型产业转移到发展程度更低的发展中国家，并提供中国经验，助力其发展制造业，也得到东道国的欢迎，如孟加拉国表示希望中国将孟加拉国作为劳动密集型产业转移的首要选择。

四、战略导向

战略导向型是指企业为增强全球竞争力，寻求战略性资产而进行的对外投资。中国作为增长最快的发展中大国，寻求战略性资产是中国企业实施跨国并购的重要动因。在当前技术变化日新月异、企业竞争日趋激烈的环境下，企业通过跨国并购迅速从外部获得资源，特别是当企业所需的资源在母国无法获得满足时，跨国并购就成为一种重要的手段（Luo and Tang, 2007）。因此，新兴市场企业跨国并购的一个重要动因就是寻找专利技术、研发能力等创造性资产（Gubbi and Elango, 2003），快速填补企业的技术短板，增强创新能力和竞争优势。在以微笑曲线为特征的产业链中，大多数的中国企业处在微笑曲线的底端，通常以来国内廉价劳动力和自然资源附加值低、抗风险能力弱。中国企业面临着产业转型升级的迫切需求，希望提升在产业链中的位置，获得更高的附加值，增加抗风险的能力，通过跨国并购特别是对发达国家的跨国并购，可以快速得到并购企业的先进技术和品牌资源。

姜黎辉（2004）分析了中国企业在自身技术条件有限的情况下，通过并购国外研发型公司提升技术资源，为其中国境内的下游产业链服务的情况。中国政府引导对外直接投资的一个明确目标是通过跨国并购获得先进的专有技术、战略资产和其他海外能力（Warner et al., 2004）。姚利民（2007）通过中国对发达国家投资的决定因素进行实证分析，显示出获取先进技术是中国企业跨国并购的战略动因。近年来的大型并购，如中国化工集团收购德国克劳斯玛菲集团，借助克劳斯玛菲在全球的成熟销售网络、品牌和先进技术；腾讯收购芬兰移动游戏开发商 Supercell，巨人网络收购以色列游戏公司 Playtika，是为了获得其品牌影响力和游戏开发能力；海尔集团收购美国 GE

的家电部门，是为了获得其成熟的研发团队和专利技术，并进一步扩大在北美市场的份额；美的集团收购德国机器人制造公司库卡集团，借助库卡集团在工业机器人和自动化生产领域的技术优势，提升企业生产效率，推动企业制造升级，拓展B2B产业空间。

五、外汇储备增长和人民币国际化

截至2021年12月31日，中国大陆的外汇储备为32501亿美元，已连续16年排名全球第一，是排名第二的日本的外汇储备的约2.5倍，相比2001年年底刚加入世界贸易组织时的2121.65亿美元，增长了15.3倍。中国自加入世贸组织后，外汇储备规模快速增加，2006年突破1万亿美元，2009年突破2万亿美元，2011年突破3万亿美元，2014年6月30日达到外汇储备的峰值39932亿美元，随后有所下降，但始终保持在3万亿美元以上的规模，如表3–4所示。

表3–4　2002至2021年中国大陆外汇储备（各年12月31日数据）

年度	金额（亿美元）	年度	金额（亿美元）
2002	2864.07	2012	31811.48
2003	4032.51	2013	38213.15
2004	6099.32	2014	38430.18
2005	8188.72	2015	33303.62
2006	10663.44	2016	30105.17
2007	15282.49	2017	31399.49
2008	19460.30	2018	30727.12
2009	23991.52	2019	31079.24
2010	28473.38	2020	32165.22
2011	31811.48	2021	32501.22

资料来源：国家外汇管理局公布数据

雄厚的外汇储备体现了我国在国际经济活动中的实力，增强了我国在国际上的金融影响力，也为中国企业在国际金融市场上筹措资金进行跨国并购提供了信用支持。但巨大的外汇储备导致央行外汇占款性货币发行量过大，造成流动性过剩，产生资产价格上涨、通货膨胀和经济泡沫的压力。通过鼓励企业对外直接投资可以有效避免外汇储备闲置、维护国际收支平衡，减轻人民币升值压力和流动性过剩的问题。中国政府不断深化金融体制改革，党的十八大提出要推动形成全面开放的新格局，中国金融机构不断走出国门，进行全球化的网络布局，根据人民银行的统计数据，截至2021年年末，五大国有银行在全球62个国家和地区开设了1286家分支机构。中资金融机构在海外不断提升的经营管理水平和丰富的国际资本运作经验也为中国企业跨国投资并购提供了较好的金融服务。自2001年中国加入世贸组织，出口一直是拉动中国经济增长的三驾马车之一，随着贸易顺差的增加，外汇储备的迅猛增长，全球贸易保护主义有所抬头，相对于贬值，人民币长期面临升值的压力。人民币升值给中国企业的出口贸易带来巨大压力，而通过跨国并购在东道国进行生产经营可以减少人民币升值带来的成本。而且人民币升值使中国企业在跨国并购时具有货币优势，在汇率上获得相对东道国的货币溢价。

第四节 本章小结

本章首先梳理了自改革开放以来中国企业跨国并购的历程，改革开放后至20世纪90年代初为萌芽阶段，20世纪90年代初至2008年金融危机为快速发展阶段，2008年至今为第三阶段。每个阶段中国企业跨国并购都体现出不同的特点，从最初的少部分国有企业率先走出国门，并购资源开发、制造加工和交通运输等行业的企业，到民营企业逐步发展壮大，参与到跨国并购，并随着中国加入世贸组织，经济的快速发展带动对能源的需求，中国企业掀起了并购资源类企业的热潮，但随着2008年经济危机的爆发，特别是党的十八大之后，中国加快了产业升级转型的步伐，制造业行业和高科技行业的企业成为中国企业并购的热门选择。

在对中国企业跨国并购历程梳理的基础上，总结了中国企业跨国并购的特征，总体而言，中国企业并购的领域广泛，基本涵盖了制造业、采矿业、交通运输、金融业等16个行业大类，制造业超过能源行业成为跨国并购最多的行业。大部分跨国并购都属于横向并购，有利于中国企业快速获得所需资源并整合，减少并购风险，形成规模经济。中国企业并购对象仍主要是发达国家和地区，随着美国与其他国家贸易摩擦的加剧，逆全球化和地方保护主义有所抬头，东道国并购管控成为影响中国企业并购的重要因素。

最后，本章分析了中国企业跨国并购的动因，中国快速增长的跨国并购主要是为了寻求资源、市场、廉价劳动力和战略性资源；其对同为发展中国家的跨国并购是为了保障原材料，获得廉价劳动力以加强价格竞争优势；对发达国家的跨国并购是为了获得战略性资产以提升其非价格竞争优势。中国企业跨国并购既是国内市场的发展和自身成长的需要，也与国际环境的变化息息相关，是两者共同作用的结果。

第四章

外交关系与中国企业跨国并购

第一节 引言

外交关系可以为企业在跨国并购中获得国家特定优势，并将这种国家特定优势转化为企业的特定优势。学者们研究发现，外交关系不仅可以促进两国之间的贸易增长，推动两国之间企业的跨国并购（Boehmer et al., 2001），也影响企业并购的区位选择（Knill et al., 2012）。良好的外交关系为双方在出现利益冲突时提供了对话的空间，两国之间更倾向于用外交手段化解矛盾，跨国投资金额与两国的外交关系呈正相关（李诗等，2016）。对外交关系的理解和定义，《维也纳外交公约》对其有广义和狭义的区分，狭义的外交关系是指主权国家之间相互设立常设外交代表机关，即设立大使馆和领事馆，并互派外交代表，即派遣大使和领事及相关工作人员；广义的外交关系不仅包括互设常设外交代表机构和互派外交代表，还包括主权国家加入联合国、世贸组织、世卫组织等国际组织并派驻常驻代表，主权国家派遣人员参加国际会议，主权国家之间通过谈判、会议、签订双边或多边协议等形式处理国与国之间的事务。外交关系通常分为正式的外交关系和非正式的外交关系，正式的外交关系是指主权国家之间对外宣告建立外交关系并互派使节，该使节为特命全权大使并代表本国元首；非正式的外交关系是指两个主权国家之间并未建交，但设立了代办一类的机构进行联络，也包含两国之间的一些民间外交。本章研究的外交关系是指主权国家之间对外宣告建立外交关系并互派使节的正式外交关系。

建立外交关系是两国开启正式官方往来的开端，建立意味着正式承认对方，是建立平等关系开展国际往来的基础。通常来说两个国家建交的时间越久，越有利于两国在长期的相互往来中签订双边协定，熟悉两国制度和文化，建立更加深厚的政治互信，从而对企业的跨国并购起到促进作用（杨连星等，2016）。本书前述从三个维度搭建了政治互信的研究框架，一是从双方形成和强化长期往来的信誉机制，即中国与其他国家建交的历史友好关系；二是从双方形成或具有某种契约关系，即当前双方在响应和参与“一带一路”建设等国际事务的友好互信；三是从双方培育和建立的感情偏好，即面向未来的以留学生教育提升文化软实力培育政治互信等。本章从第一个维度双方形成和强化长期往来的信誉机制，即中国与其他国家正式建交的历史友好关系，来分析政治互信对企业跨国并购的影响。

第二节　文献回顾

一、新中国建交历史的回顾

新中国自成立以来，始终奉行独立自主的外交政策，走出了一条中国特色大国外交之路，在新中国的外交历程上共经历了三次建交的高潮。第一次建交高潮是在新中国成立后不久，鉴于当时美苏争霸的世界格局和国内战争及恢复生产的严峻形势，为了更好地获取国际援助和保障国家安全，中国共产党在《中国人民政治协商会议共同纲领》确定了“另起炉灶”“打扫干净屋子再请客”和“一边倒”三大外交方针。特别是“一边倒”的方针，明确站在以苏联为首的社会主义阵营这边，因此，在新中国成立的第二天1949年10月2日，苏联表示愿意和新中国建立外交关系。10月3日，中国和苏联正式建交，苏联成为第一个承认新中国的国家。在苏联的带动下，保加利亚、越南、罗马尼亚、阿尔巴尼亚、匈牙利、民主德国、朝鲜、蒙古、捷克斯洛伐克、波兰等社会主义国家纷纷与中国建交。与此同时，中国与二战初期独立的殖民地国家印度、缅甸、阿富汗、巴基斯坦等周边民族主义国家建立外交关系。

中国也积极与欧洲等老牌帝国主义国家拓展外交关系，与英国、挪威、荷兰建立了外交关系。截至1951年年底，在新中国成立的两年多时间里，中国先后与上述19个国家建立了外交关系。

第二次建交高潮是在20世纪50年代末期至60年代末期。随着美苏争霸愈演愈烈，中国坚决反对帝国主义和霸权主义，与苏联的关系走向全面破裂。并且从20世纪50年代中期开始，一大批亚非拉国家经过艰苦斗争，赢得了独立，中国同情并支持亚非拉人民的民族解放和国家独立斗争，赢得了广大亚非拉国家的尊重和赞赏。1959年中国与几内亚正式建交，随后又与摩洛哥、毛里塔尼亚、阿尔及利亚、贝宁、苏丹、赞比亚、加纳、中非、索马里、坦桑尼亚、刚果、突尼斯、乌干达、布隆迪、肯尼亚、古巴等国家建立外交关系。这十年期间与中国建交的绝大部分都是亚非拉国家，截至20世纪60年代末，中国与50多个国家建立了外交关系。

第三次建交高潮是在新中国恢复联合国合法席位后的一段时间。中国作为联合国创始成员和安理会五个常任理事国之一，在新中国成立后的相当长一段时间里联合国的合法席位被台湾当局占据。1971年，阿尔巴尼亚等23个国家联合向第26届联合国大会提出了恢复中华人民共和国在联合国一切合法权利的提案，虽受到美国、日本等国的阻挠，但最终联合国大会以76票赞成、35票反对和17票弃权的压倒多数，通过了提案。新中国在联合国恢复合法席位是新中国外交史上的里程碑，为中国发展外交关系开拓了广阔空间。就在中国恢复联合国合法席位的当年，与奥地利、比利时、冰岛、圣马力诺、塞浦路斯等欧洲资本主义国家建立了外交关系。截至20世纪70年代末，中国已与西欧14个国家正式建交，并与欧洲共同体建立了正式关系。随着中国恢复联合国合法席位，中国进一步拓展了与亚非拉新兴国家的外交关系，在1970年和1971年两年期间，亚非拉地区新增18个国家与中国正式建交。截至20世纪70年代末，非洲25个国家和中国正式建交。

改革开放后，以邓小平同志为核心的党中央提出了不以意识形态论亲疏，要韬光养晦、有所作为的外交指导方针，为中国改革开放赢得了长期和平稳定的外部环境。党的十八大以来，以习近平同志为核心的党中央，面对更加复杂深刻的国际形势，开创性地推进中国特色大国外交，坚持独立自主的和平外交政策，引领中国特色的大国外交向全方位、多层次、立体化方向推进。

根据外交部官网公布的中国与各国建交日期，目前，除了亚洲的不丹，欧洲的梵蒂冈，非洲的斯威士兰，大洋洲的图瓦卢、马绍尔群岛、帕劳、北美洲的危地马拉、伯利兹、海地、圣基茨和尼维斯、圣卢西亚、圣文森特和格林纳丁斯，南美洲的巴拉圭等15个国家，中国已与全世界183个国家建立了正式外交关系。

二、相关研究回顾

外交关系对跨国并购的影响，国外学者研究较早，美国学者 Nigh（1985）以美国跨国企业为样本，研究外交因素对美国制造业企业跨国并购的影响，发现与美国有着良好外交的国家更有利于美国企业的跨国并购。Munisamy 和 Rodrigo（2004）研究认为积极的外交关系可以有效降低两国之间的经济摩擦，减少投资的不确定性，有利于投资规模的扩大。Desbordes 和 Vicard（2009），Rodolphe 和 Vincent（2009）对经合组织国家和新兴经济体的跨国投资数据进行研究分析，发现外交关系在跨国投资中发挥着积极正向作用，外交关系可以弥补东道国制度环境的不足，并对企业的资产起到保护作用，降低资产被掠夺、投资利润无法转出的风险。Duanmu（2014）研究发现良好的外交关系可以降低跨国企业面临的东道国政治风险，增强其承担风险的能力。随着中国企业跨国并购的行为增多，越来越多的中国学者开始关注和研究外交关系对中国企业跨国并购的影响。大部分研究认为外交关系对中国企业境外投资有着明显的影响，良好的外交关系是对跨国投资最有效的保护，中国企业通常选择在外交关系较好的国家进行跨国直接投资，对外交关系较差的国家表现出明显的风险规避倾向（周忠海，2007；贺书锋、郭羽诞，2009；王根蓓、孟醒，2015）。张建红和姜建刚（2012）利用2003—2007年中国与131个国家和地区的跨国投资的数据进行分析研究，发现两国外交关系是政治关系的重要体现，不仅能够促进两国之间的跨国投资，特别是对一些重要性行业的投资，还能对东道国制度环境起到补充作用。杨连星等（2016）运用二元边际对企业层面的对外投资数据进行分析研究，发现良好的政治关系与企业对外投资规模呈正相关关系。

对中外学者们对外交关系对跨国并购的研究的成果进行分析，大体可以分为两类，一类研究认为外交关系可以降低东道国制度风险，一类研究认为良好的外交关系可以降低东道国的政治风险。总体而言，建立外交关系是政治互信的重要体现，外交关系的好坏影响两国之间的政策沟通，从而影响两国之间的经贸往来和跨国投资。毫无疑问，当今中国企业的跨国并购是中国企业“走出去”的重要途径之一，中国政府与东道国建立良好的外交关系对中国企业走向海外具有重要的影响。

第三节　理论分析与研究假设

良好的外交关系有利于增进政治互信以促进企业的跨国并购，本章以信息不对称理论和重复博弈理论进行分析，提出研究假设。

信息不对称理论认为交易行为实质上是委托代理行为，通常情况下，委托人和代理人的信息是不对称的。在此情况下，掌握更多信息的代理人会出于个人利益损害委托人的利益，而委托人为了不受损害，必须为获得更多的信息而付出成本，总体而言都会花费更多成本。信息不对称容易导致道德风险和逆向选择，在并购交易中，掌握更多信息的代理人在并购协商和并购协议中通过隐藏被并购企业实际情况从而有计划地损害另一方的利益，委托人因无法获得实际情况，无法确保并购的收益。在企业并购中，信息不对称是产生交易成本，影响并购成功率、并购绩效、并购整合最重要的因素（Faccio and Masulis, 2005；陈仕华等，2013；李晓溪等，2019）。互信有利于双方搜集和传递信息，降低为了交易进行信息搜集成本、交易执行成本和事后监督成本，减少交易中的隐藏行为（Bromoley et al., 1995; Guiso et al., 2008）。信息不对称所产生的道德风险和逆向选择为政治互信发挥作用提供了空间，互信可以提升交易双方对彼此的认同度，对对方的行为有合理的预期，有利于在信息不足的情况下达成合作（Zahheer et al., 1998; Duddley and Zhang, 2016）。互信的建立是一个长期的过程，长期良好的外交关系有助于两国之间增进政治互信，降低信息不对称对企业跨国并购带来的不利影响，从而促进跨国并购，增加企业并购的价值。

同时，国际交往中是以获取经济利益为主要目的，基于经济学理性假设，如果这种交往是一次性的，则会出现囚徒困境，但国际交往是一个长期的过程，则诚信就成为双方最好的选择，是一个重复博弈的过程（张维迎，2003）。将博弈论引入政治互信的构建，互信是为了追求长期国家利益而不是短期利益，建立政治互信可以减少国家间合作交往的成本，政治互信也只有在重复博弈中才能形成。国家间建立关系的时间越长，相互交往和信息交流越充分，互信的程度就越高。当国际交往是一个重复博弈的过程时，互信机制的建立和强化使得国家间可以忽视短期行为，着重考虑双方长期的合作所能带来的收益。在此基础上，对预期的长期化可以引导行为的长期化，通过形成和强化互信机制，引导国与国之间增进政治互信。

建立外交关系是两国之间的一种制度安排，从理性的选择制度主义角度来说，这种正式的制度安排为两国搭建了对话的通道，两国的外交关系越深入，越有利于优化投资环境，降低东道国的制度风险，减少双方的制度距离（刘晓光和杨连星，2016），并对跨国投资等经济活动具有调节作用，降低外部环境的不确定性，提高跨国投资的成功率（Long and Leeds, 2006）。张建红和姜建刚（2012）认为正式外交关系的建立有利于双方建立长期的关系，这种长期关系为企业进入东道国市场建立了稳定环境。同时，长期友好的外交关系可以增进两国的政治互信，降低实施跨国投资的政治风险，保护投资后资产所有权不被侵犯，投资利润能够取回母国（Rodolphe and Vincent，2009），并且正式外交关系以国家信用做支撑，不仅促进政府之间的信息交流，也为企业的跨国并购提供政策、信息、资金等支持（Bernadia and Jandraw，2008），使企业能整合相关信息和资源，获得竞争优势，提高跨国并购的成功率。在此基础上提出假设 H1。

假设 H1：中国与东道国建交年度越长，中国企业在东道国的并购成功率越高。

两个主权国家建立正式的外交关系，即对外宣布建交并互派使节是双方外交关系最重要的体现，而建立外交关系是两国政治互信的起点。外交关系作为正式的制度关系，是双方政治关系最重要的环节，一定程度上能够弥补东道国的制度缺陷，促进企业的对外直接投资，并对某些重要行业的投资起到保护作用（张建红、姜建刚，2012；Jude and Levieuge, 2017）。友好的外交关系对双方之间冲突有缓冲作用，降低不确定性风险，从而促进跨国并购的规模（Munisamy and Rodrigo, 2004）。由于跨国并购的资金规模大、并购周期长等特点（谢红军、蒋殿春，2017），良好的外交关系有利于减少双边政治摩擦，能够显著影响企业跨国投资的区位选择（Cezar and Escobar, 2015）。随着两国建立正式的外交关系，除可以经常性地开展官方之间的沟通，也更便于开展民间的交往，并且随着时间的推移和交流的增多，双方可以进一步增进对彼此政治制度、地理人文、风俗习惯的了解。双方建立正式外交关系的时间越长，外交沟通越充分，两国政治关系更加稳健，更能使并购者对东道国的制度环境和文化做出调整和适应，促进中国企业对东道国的跨国并购，因此，本章提出假设H2：

假设H2：中国与东道国建交年度越长，中国企业在东道国的并购规模越大。

第四节 实证分析

一、数据样本

本书的中国企业跨国并购数据主要来源于汤姆森（Thomson）数据库，以2008—2018年作为样本区间，选取中国企业跨国并购事件作为初始研究样本。对于初始研究样本，我们进行了如下处理：（1）剔除了中国企业跨国并购金额数据缺失的样本。（2）剔除了计算相关变量所需数据缺失的样本。经过处理后，本书共得到1940个公司并购观测值。

二、变量与数据说明

（一）被解释变量

本章分别从并购成功率和并购规模两方面来考察两国建交年度对中国企业跨国并购的影响。因此，本章的被解释变量有：（1）Complete为中国企业在东道国发起的并购是否成功，是则取1，否则取0；（2）MAvalue为中国企业在东道国进行单次并购支付的金额。参考钟宁桦等（2019）的研究，结合本章的数据情况，即单个企业在单个国家一年内进行多次并购的情况极少，且单个企业持续每年对同一个国家发起并购的情况也极少，因此使用中国企业在东道国进行单次并购支付的金额作为被解释变量；MAproport 为中国企业在东道国进行单次并购支付的金额占该年度东道国获得外商直接投资总额的比重，外商直接投资主要包括绿地投资和跨国并购，中国企业并购的金额占东道国获得外商直接投资总额的比重整体呈现中国企业在东道国的并购规模。

（二）解释变量

建交年长。建交年长是指我国与东道国建立正式外交关系时间的长短，通常建立外交关系的时间越长，越有助于两国增进往来，促进友好关系，提升政治互信。建立外交关系的数据来源于外交部官方网站，以我国与东道国建交年份和并购年份的差值来表示。

（三）控制变量

在跨国并购中，区位优势对企业在选择并购对象时有着极大的影响，这种区位优势主要来自东道国自身的情况，本章参考刘晓光和杨连星（2016）、闫雪凌和林建浩（2019）、杨连星（2021）的研究，控制了可能影响并购的东道国国家层面政治、经济、文化等方面相关的变量：

国内生产总值 GDP 的自然对数（lnGDP）。GDP 代表一个国家的经济体量和投资消费的整体实力，本章选取国内生产总值来衡量东道国的市场规模，在计算时未扣除资产折旧或自然资源损耗和退化，数据来源于世界银行数据库，以2005年不变价美元为单位。

自然资源禀赋（Resources）。指东道国资源丰裕度，本章用世界贸易组织统计的东道国的矿物燃料、矿石和金属占商品出口的百分比，来度量该国自然资源的丰裕程度（Buckley et al., 2007; Kolstad et al., 2012），数据来源于世界银行数据库。

税负水平（Tax）。本章使用了东道国企业总体税率，总税率衡量的是企业在扣除允许的扣除额和免税额后，按应占商业利润的比例缴纳的税款和强制性供款额，不包括预扣税（例如，个人所得税）或收取并汇给税务机关的税（例如，增值税、营业税或商品和服务税）（闫雪凌、林建浩，2019），数据来源于世界银行数据库。

人均国内生产总值（PGDP）。人均国内生产总值通常代表一个国家的劳动力成本和工资水平，可以衡量东道国的经济发展水平，本章使用东道国的人均 GDP 来度量其经济发展水平，数据来源于世界银行数据库。

制度质量（Institutions）。通常东道国的制度质量越高，企业在跨国并购时的预期更加稳定，寻租等成本越低，并购的环境也越安全，本章选取世界银行全球治理指标（WGI）的6个制度因素（王永钦等，2014），并取平均数来衡量东道国总体制度水平。

双边投资协定（Bit）。签订双边投资协定有利于两国之间增强政策性沟通，降低跨国投资和贸易中的壁垒，减少并购中的制度风险。本章使用虚拟变量0—1，如中国与东道国签订了双边投资协议则为1，没有签订则为0，数据来源于商务部官网。

地理距离的自然对数（lnDistance）。通常认为两国距离越远，并购的管理成本和整合成本越高，进入东道国市场的难度越大，但根据引力模型，距离越远两国之间的国际贸易成本越高，企业会倾向于用对外直接投资来代替出口，因此地理距离对跨国并购的影响并不确定，本章以中国首都北京与东道国首都之间的贸易距离的自然对数来衡量两国之间的地理距离，数据来源于法国社会展望和国际信息研究中心数据库。

文化（Culture）。Hofstede（1980）提出了文化的五维度来比较民族文化的差异，分别是权力距离、个人主义、不确定性规避、男性主义和长期导向。受中华文化的影响，中国企业权力距离大、注重集体主义、不确定性规避较高、喜欢谋划万世和全局性的规划。而西方长期受海洋商业文化的影响，倾向于自由主义、敢于冒风险、功利主义和契约精神强。本章采用 Hofstede 文化维度来衡量两国之间的文化差异。

三、模型与回归方法

对“假设 H1：中国与东道国建交年度越长，中国企业在东道国并购的成功率越高”，本章参考刘晓光和杨连星（2016）、闫雪凌和林建浩（2019）和杨连星（2021）的研究，建立模型 1：

$$
\begin{aligned}
complete=&\beta_0+\beta_1\, DIP+\beta_2\, lnGDP+\beta_3\, Resources+\beta_4\, Tax+\beta_5\, PGDP\\
&+\beta_6\, Institutions+\beta_7\, Bit+\beta_8\, lnDistance+\beta_9\, Culture+Year\\
&+Ind+\varepsilon
\end{aligned}
$$

对于“假设H2：中国与东道国建交年度越长，中国企业在东道国并购规模越大”，本章的被解释变量是企业的并购金额，因企业实施跨国并购基于企业的战略规划，并非每年都实施并购，无法形成面板数据，且被解释变量只能是实施了的并购，都是大于0的值，有一定的自选择性，属于截断数据，因此本章仍参考刘晓光和杨连星（2016）、闫雪凌和林建浩（2019）和杨连星（2021）的研究，使用Tobit模型，建立模型2：

$$MA=\beta_0+\beta_1 DIP+\beta_2 lnGDP+\beta_3 Resources+\beta_4 Tax+\beta_5 PGDP +\beta_6 Institutions+\beta_7 Bit+\beta_8 lnDistance+\beta_9 Culture+Year +Ind+\varepsilon$$

第五节　实证结果

一、描述性统计

表4-1为检验中国与东道国建交年长对中国企业跨国并购的影响的模型中各变量的描述性统计结果。其中中国企业跨国并购支付金额的均值为286.40百万美元，单笔并购金额之间差距较大，但均值呈递增的趋势，单笔并购金额占中国该年度在东道国并购总金额的比重平均为21.8%，并购完成率为67.3%，相比钟宁桦等（2019）研究1991—2015年中国企业跨国并购统计的57.8%完成率有所提高。中国企业跨国并购在宣告日到生效日之间的并购的审批时间均值为82.54天。而中国与中国企业跨国并购标的企业的东道国之间的建交年长均值为45.93年。

表4-1　描述性统计

变量	样本量	平均值	标准差	最小值	最大值
MAvalue	1940	286.401	911.286	0.011	13972.46
MAproport	1939	0.152	5.118	–135.425	163.806
Complete	1940	0.673	0.469	0	1

续表

变量	样本量	平均值	标准差	最小值	最大值
Process	1940	82.54	150.13	0	1540
DIP	1902	45.93	10.785	2	71
lnGDP	1940	27.752	2.038	20.48	30.603
Resources	1879	0.229	0.219	0.017	0.966
Tax	1739	0.413	0.158	0.085	2.352
PGDP	1940	41367.99	20744.97	334.01	119000
Institutions	1899	1.061	0.702	−1.67	1.865
Bit	1893	0.702	0.458	0	1
lnDistance	1929	8.892	0.62	6.862	9.868
Culture	1376	2.884	1.578	0.561	7.812

二、基本回归

（一）中国与东道国建交年长与跨国并购成功率

表4–2是检验假设H1的模型1的回归结果，显示了中国与东道国建交年长对中国企业在该国并购成功率的影响。列（1）为单变量回归结果，列（2）为控制其他影响因素后的回归结果，均显示中国与东道国建交时长的系数显著为正（$p<0.05$），表示中国与东道国建交时间越长，中国企业在该国并购的成功率越高。

表4–2 中国与东道国建交年长与跨国并购成功率

变量	（1） Logit	（2） Logit
	Complete	Complete
DIP	0.001** （2.17）	0.001** （2.51）
lnGDP		0.698** （2.37）

续表

Resources		1.709* (1.73)
Tax		−0.001 (−1.19)
lnPGDP		0.001 (0.05)
Institutions		0.013 (0.09)
Bit		0.065 (1.67)
lnDistance		0.001** (2.34)
Culture		−0.001 (0.17)
Constant		−14.546 (−1.53)
年份	Yes	Yes
行业	Yes	Yes
Observations	386	386

Robust t−statistics in parentheses

*** p<0.01, ** p<0.05, * p<0.1

（二）中国与东道国建交年长与跨国并购规模

表4–3是检验假设H2的模型2的回归结果，显示了中国与东道国建交年长对中国企业在该国并购规模的影响。列（1）为单变量回归结果，显示中国与东道国建交时长的系数显著为正（p<0.10）；列（2）为控制其他影响因素后的回归结果，显示中国与东道国建交时长的系数显著为正（p<0.05）。回归结果表示中国与东道国建交时间越长，中国企业在该国并购的金额的绝对值越大。列（3）为单变量回归结果，显示中国与东道国建交时长的系数不显著；列（4）为控制其他影响因素后的回归结果，结果显示中国与东道国建交时长的系数显著为正（p<0.05）。回归结果表示中国与东道国建交时间越长，中国企业在该国并购的金额的相对值越大。总体而言，中国与东道国建交年长对

中国企业跨国并购的规模有显著的促进作用。

表4-3　中国与东道国建交年长与跨国并购规模

变量	(1) Tobit	(2) Tobit	(3) OLS	(4) OLS
	MAvalue	MAvalue	MA*proport*	MA*proport*
DIP	0.076* (1.89)	0.049** (2.02)	-0.078 (-0.24)	1.329** (2.16)
lnGDP		-0.082 (-0.16)		-1.525 (-0.87)
Resources		0.891 (0.37)		13.126 (1.08)
Tax		-0.006 (-0.35)		-0.234 (-0.04)
lnPGDP		1.491** (2.11)		-0.000 (-1.08)
Institutions		-2.084** (-2.28)		17.119*** (4.05)
Bit		-0.452 (-0.47)		-0.279 (-0.18)
lnDistance		0.001** (2.17)		10.987 (0.62)
Culture		0.073 (0.35)		-0.299 (-1.03)
Constant		-11.385 (-1.37)	3.789 (0.24)	-128.754 (-0.63)
年份	Yes	Yes	Yes	Yes
行业	Yes	Yes	Yes	Yes
样本量	1355	1355	1901	1198
R[贰]	0.113	0.154	0.237	0.324

Robust t-statistics in parentheses

*** p<0.01, ** p<0.05, * p<0.1

三、稳健性检验

（一）基于新中国恢复联合国合法席位投票的检验

中国是联合国的创始会员国，也是联合国安理会五个常任理事国之一，中华人民共和国成立后，中国在联合国的合法席位被台湾当局长期占据。为阻挠新中国恢复联合国合法席位，美国在第16届联合国大会上将中国在联合国的席位问题定义为重要问题，根据联合国的议事规则，意味着恢复新中国的联合国合法席位，需要联合国三分之二以上的会员国投赞成票。以美国为首的西方国家的刻意阻挠，使新中国长期无法正常行使在联合国的合法权利，新中国也坚定不移地为争取恢复联合国席位而斗争。随着20世纪60年代帝国主义各殖民地争取独立的斗争取得巨大胜利，到20世纪70年代初，非洲就有41个国家获得独立，这些国家与亚洲和拉丁美洲新独立的国家加入了联合国，成为联合国会员国，极大改变了联合国的政治力量对比。以毛泽东为核心的第一代领导人高瞻远瞩，对新兴的第三世界国家采取积极的外交政策，坚持对第三世界的支持和援助，开展友好的双边交往，赢得了第三世界国家广泛的支持，为恢复联合国合法席位奠定了基础。

1971年，在联合国第26届大会上，阿尔巴尼亚等23个国家联合向大会提出了恢复中华人民共和国在联合国一切合法权利的提案，最终联合国大会以76票赞成、35票反对和17票弃权的压倒多数，通过了提案，决议恢复中华人民共和国在联合国的一切合法权利并将台湾当局从联合国及其所属机构驱逐出去。中华人民共和国恢复在联合国的合法席位是以毛泽东为核心的第一代领导人带领中国人民在外交领域取得的重大胜利。毛泽东在得知提案通过后，表示主要是第三世界兄弟把我们抬进去的，并指示，23个提案国是中国的患难之交，其他投赞成票的53个国家是中国团结的对象。

在新中国在第26届联合国大会恢复合法席位的提案表决中，投赞成票支持新中国的国家与中国有着良好的外交关系，与新中国在过去的外交往来中建立了友谊，增加了互信，是双方有良好的政治互信的表现。刘敏和朱亚鹏等（2020）研究了联合国大会投票对中国企业跨国并购的影响，使用联合国大会的投票数据测算两国间的政治立场，作为双边政治关系的代理变量，双边友好的政治关系能显著促进中国企业跨国并购的成功率。因此我们建立模型检验在历史外交往来中与中国建立的政治互信是否对中国企业在该国并购有积极影响。

本章建立模型：

$$MAvalue=\beta_0+\beta_1 Vote+\beta_2 GDPgrowth+\beta_3 lnGDP+\beta_4 Rate+\beta_5 Trade +\beta_6 PGDP+\beta_7 lnDistance+\beta_8 Resource+\beta_9 Tax +\beta_{10} Instituions+\beta_{11} Bit+Year+Country+\varepsilon$$

其中被解释变量MAvalue表示中国企业在东道国进行单次并购支付的金额，解释变量Vote表示在第26届联合国大会上对中国恢复联合国合法席位的投票，赞成取1，不赞成和弃权取0。

表4-4显示了在新中国恢复联合国合法席位时投票展示的历史外交往来建立的政治互信对中国企业跨国并购的影响。列（1）为单变量回归结果，列（2）控制了其他影响因素对回归的影响。列（2）的回归结果显示在新中国恢复联合国合法席位提案投赞成票的系数显著为正（p<0.10），表明中国企业在与中国具有良好历史外交往来建立政治互信的国家更可能进行积极并购。同理，列（3）为单变量回归结果，列（4）控制了其他影响因素对回归的影响。列（4）的回归结果显示在新中国恢复联合国合法席位提案投赞成票的系数显著为正（p<0.05），表明中国企业在与中国具有良好历史外交往来建立政治互信的国家并购的比重较大。回归结果与前文结果保持一致，本章主要结论未发生改变，回归结果较为稳健。

表4-4 新中国恢复联合国合法席位投票与跨国并购

变量	（1）	（2）	（3）	（4）
	MAvalue	MAvalue	MAproport	MAproport
Vote	-762.766	116.052*	-1.651	27.084**
	（-0.58）	（1.92）	（-0.28）	（2.37）
GDPgrowth		13.424		9.33
		（1.01）		（0.68）
lnGDP		12.585		-1.199
		（0.50）		（-1.30）
Rate		-0.004		-0.001*
		（-0.35）		（-1.88）

续表

变量	(1)	(2)	(3)	(4)
	MAvalue	MAvalue	MAproport	MAproport
Trade		-0.423		0.016
		(-0.69)		(1.24)
PGDP		0.004		-0.000
		(1.64)		(-0.63)
lnDistance		94.667*		552.159***
		(1.74)		(3.16)
Resources		59.035		-6.474
		(0.42)		(-1.09)
Tax		-112.812		4.197
		(-0.46)		(1.09)
Institutions		-178.325**		14.136***
		(-2.22)		(5.51)
Bit		-64.074		-1.170
		(-0.79)		(-1.24)
Constant	731.924	-920.663	0.325	-5,128.915***
	(0.79)	(-1.01)	(0.08)	(-3.13)
年份	Yes	Yes	Yes	Yes
国家	Yes	Yes	Yes	Yes
Observations	1481	1481	1867	1658
R-squared	0.014	0.022	0.07	0.09

Robust t-statistics in parentheses

*** p<0.01, ** p<0.05, * p<0.1

（二）基于国家层面并购数据的检验

本章在基本回归中使用的并购数据是单个企业层面的数据，但良好的外交关系所建立的政治互信是基于国与国之间。企业选择跨国并购会出于不同的动机，中国企业具有较强的制度风险偏好，倾向于向政治和法律风险较大，但自然资源和劳动力资源更丰富的国家进行跨国投资。虽然企业跨国并购的动机不同，但对与中国有良好的外交关系建立的政治互信的东道国实施并购仍有偏好（田原、李建军，2018）。

因此，本章以年度对东道国的总体并购数量和金额为单位，使用国家层面的并购数据再次对模型2进行回归做稳健性检验。表4-5显示了中国与东道国建交年长与中国在该国实施并购的影响，列（1）使用了中国在东道国发起并购的数量进行回归，结果显示东道国与中国建交年长系数显著为正（$p<0.05$），表明东道国与中国建交时间对于中国在该国发起并购数量有正向影响。列（2）使用了中国在东道国并购金额进行回归，结果显示东道国与中国建交年长系数显著为正（$p<0.10$），表明东道国与中国建交时间越长，中国企业在该国的并购规模越大。回归结果与前文结果保持一致，本章主要结论未发生改变，说明内生性未影响到本章主要结果的稳健。

表4-5 国家层面跨国并购数据的回归

变量	（1）	（2）
	MAnumber	MAvalue
Dip	0.367**	0.128*
lnGDP	-1.245**	-0.474
Resources	3.577***	0.646
Tax	0.011	-0.010
lnPGDP	0.381	-0.710*
Bit	-0.904	-0.726
lndistance	0.000	0.000
Culture	0.294	0.126
年份	Yes	Yes
国家	Yes	Yes
Observations	1150	1150

Robust t-statistics in parentheses

*** p<0.01, ** p<0.05, * p<0.1

（三）关于内生性问题

本章主要研究中国与东道国的外交关系是否影响中国企业在东道国的海外并购，中国与东道国建交年限可能为内生变量。自1949年新中国成立以来，与全世界183个国家建立了外交关系。由于历史原因，中国与曾经是社会主义阵营的国家更早建立起外交关系。两国建交时间越长，两国产业联系可能越紧密，从而影响中国企业对东道国企业的并购，而曾经是否是社会主义阵营国家对中国企业对东道国企业的并购没有直接影响。中国作为世界上现有的五个社会主义国家之一，并且是最大的和经济水平发展水平最高的社会主义国家，作为曾经的社会主义阵营的一员并实践以经济建设为中心的基本路线，展现中国特色社会主义制度的优越性，与曾经的社会主义国家保持传统友好关系是外交的重要考量（闫雪凌、林建浩，2019）。因此，我们构建一个工具变量Socialism。如果东道国曾经或现在为社会主义国家，Socialism为1，否则为0。

列（1）结果为工具变量第一阶段的回归结果。列（1）显示的第一步回归中，变量Recog的系数显著为正（$p<0.01$），F值为257.54，因此不存在弱工具变量。Wald检验结果显示DIP存在内生性。列（2）显示的回归2结果与前文结果保持一致。列（3）结果为工具变量第一阶段的回归结果。列（3）显示的第一步回归中，变量Recog的系数显著为正（$p<0.01$），F值为59.69，因此不存在弱工具变量。Wald检验结果显示DIP存在内生性。列（4）显示的回归2结果与前文结果保持一致。本章主要结论未发生改变，说明内生性未影响到本章主要结果的稳健。

表4-6 工具变量回归结果

变量	（1） OLS	（2） Tobit	（3） OLS	（4） OLS
	DIP	MAvalue	*DIP*	MAproport
Socialism	1.541*** （2.59）		1.550*** （2.63）	
DIP		1.021** （2.12）		0.489** （2.11）
lnGDP	−0.596 （−1.55）	−0.057 （−0.55）	−0.555 （−1.48）	−0.013 （−0.75）

续表

变量	(1) OLS	(2) Tobit	(3) OLS	(4) OLS
	DIP	MAvalue	*DIP*	MAproport
Resources	0.988 (0.56)	0.597 (0.99)	0.957 (0.46)	0.035 (1.55)
Tax	−0.001 (−0.85)	−0.101 (−1.11)	−0.001 (−0.88)	−0.001 (−1.39)
lnPGDP	−1.38** (2.17)	1.365** (2.21)	−1.59** (2.12)	0.169** (2.01)
Institutions	−1.221** (−2.01)	−1.899** (−2.35)	−1.456* (−2.32)	−0.029** (−2.09)
Bit	−2.015 (−1.58)	−0.554 (−0.58)	−2.021 (−1.49)	−0.005 (−0.29)
lnDistance	0.001** (2.33)	0.001** (2.19)	0.001** (2.40)	0.001** (2.34)
Culture	−0.963 (−1.77)	0.056 (0.99)	−0.746 (−1.66)	0.005 (0.45)
Constant	3.099*** (2.96)	−8.945 (−1.33)	5.231*** (2.88)	−10.598 (−1.45)
年份	Yes	Yes	Yes	Yes
国家	Yes	Yes	Yes	Yes
F	257.54		59.69	
Wald		3.11		4.69
Observations	1298	1298	1122	1122

Robust t−statistics in parentheses

*** p<0.01, ** p<0.05, * p<0.1

四、异质性分析

(一)发达国家和发展中国家的分组检验

中国企业跨国并购的对象既有发达经济体，也有发展中经济体，随着中国迈入中等收入国家，企业的竞争优势来源逐渐从自然资源、廉价劳动力向创新能力转变，中国企业对发展中国家的投资主要在于化解国内的产能过剩，偏重于基础设施的投资，而对发达国家的并购主要在于实现产业的转型升级，偏重于先进技术产业的并购（方慧、赵胜立，2017）。从近年来中国企业跨国并购的主要目的地可以看出，欧美等发达国家是中国企业跨国并购的主要目的地，这些国家是全球新产品、新技术、新信息的主要来源地，通过在这些国家和地区并购经营，可帮助中国企业了解和熟悉国际市场规则，提升企业自身的技术水平和管理水平。因此，本章引入发达国家和发展中国家做区分考察。

表4–7列（1）和列（3）与列（2）和列（4）分别显示发达国家和发展中国家与中国建交年长对中国企业在该国并购的异质性分析。列（1）和列（2）显示不添加相关控制变量时，发达东道国和发展中东道国与中国建交年长的系数均不显著，列（3）显示添加相关控制变量后，发达东道国与中国建交年长的系数显著为正（$p<0.05$），列（4）为添加相关控制变量时，发展中东道国与中国建交年长的回归结果，其系数不显著。回归结果表明中国与发达国家的建交年长对中国企业在该国的并购有显著正向影响，而中国与发展中国家的建交年长对中国企业跨国并购无显著影响。经由 Chow 检验得到的经验 p 值证实了上述差异在统计上的差异性，均在10% 水平上显著。

表4–7 发达国家和发展中国家的分组检验

变量	Tobit （1） （Developed）	Tobit （2） （Developing）	Tobit （3） （Developed）	Tobit （4） （Developing）
	MAvalue	MAvalue	MAvalue	MAvalue
DIP	0.016	0.056	0.086**	0.097
	（0.55）	（1.17）	（1.99）	（0.88）
lnGDP			0.354	1.497
			（0.72）	（1.22）
Resources			7.023	11.157
			（1.25）	（1.24）

续表

变量	Tobit （1） （Developed）	Tobit （2） （Developing）	Tobit （3） （Developed）	Tobit （4） （Developing）
	MAvalue	MAvalue	MAvalue	MAvalue
Tax			2.122	–6.687
			（0.42）	（–0.54）
lnPGDP			0.000	0.000
			（0.92）	（0.95）
Institutions			0.130	–4.956
			（0.07）	（–1.24）
Bit			0.708	1.256
			（0.45）	（0.28）
lnDistance			1.174	2.178
			（1.46）	（0.49）
Culture			0.087	0.601
			（0.28）	（0.61）
Constant	7.715	–6.062	–15.445	–58.706
	（0.93）	（–0.5）	（–0.83）	（–1.18）
年份	Yes	Yes	Yes	Yes
行业	Yes	Yes	Yes	Yes
Observations	1516	217	981	217
R2	0.431	0.393	0.449	0.557
经验 p 值	0.072*		0.088*	

Robust t–statistics in parentheses

*** p<0.01, ** p<0.05, * p<0.1

（二）国有企业和民营企业的分组检验

我国是建设有中国特色的社会主义国家，坚持公有制为主体，多种所有制经济共同发展是我国现阶段基本的经济制度，国有经济是国民经济的主导力量。随着中国经济的快速发展，在实施“走出去”战略后，大批国有企业积极参与国际贸易和跨国投资，与民营企业共同参与国际竞争。大型、特大型国有企业在雄厚实力的支撑下，成为中国实施跨国投资、对抗跨国公司的中流砥柱。一方面，由于国有企业的特殊性质，在跨国并购中常被质疑代表了国家意志，并非完全的市场主体，在并购中容易受到东道国更多的审核和限制；另一方面，国有企业的资本更为雄厚，并更多受政府的政策引导，比民营企业更有政策优势和资源优势（邵新建，2012），在与中国外交关系好的国家更有优势，因此，本章引入国有企业和民营企业做区分考察。

表4–8显示中国与东道国建交年长对于中国的国有企业和民营企业在跨国并购规模的异质性影响。列（1）和列（3）显示中国与东道国建交年长对于中国的国有企业跨国并购的影响，列（1）回归结果显示不添加相关控制变量时建交年长的系数显著为正（$p<0.05$），列（3）回归结果显示添加相关控制变量后建交年长的系数依然显著为正（$p<0.10$）；列（2）和列（4）显示中国与东道国建交年长对于中国民营企业跨国并购的影响，其回归结果显示建交年长的系数均不显著。结果表明中国与东道国建交年长能够促进中国的国有企业的跨国并购规模，而对民营企业的跨国并购影响不明显。经由 Chow 检验得到的经验 p 值证实了上述差异在统计上的差异性，均在1% 水平上显著。

表4–8　国有企业和民营企业的分组检验

变量	Tobit（1）（Gov）	Tobit（2）（Priv）	Tobit（3）（Gov）	Tobit（4）（Priv）
	MAvalue	MAvalue	MAvalue	MAvalue
DIP	0.123**	–0.016	0.029*	–0.023
	（2.09）	（–0.87）	（1.88）	（–0.84）
lnGDP			2.569***	0.468
			（2.68）	（1.39）
Resources			22.338**	–0.023

续表

变量	Tobit (1) (Gov)	Tobit (2) (Priv)	Tobit (3) (Gov)	Tobit (4) (Priv)
	MAvalue	MAvalue	MAvalue	MAvalue
			(2.38)	(-0.01)
Tax			-2.511	-4.418
			(-0.27)	(-1.34)
lnPGDP			0.000*	0.000
			(1.76)	(1.65)
Institutions			-6.812**	-1.331
			(-2.34)	(-1.31)
Bit			1.328	0.584
			(0.48)	(0.51)
lnDistance			-1.842	0.902
			(-0.75)	(1.40)
Culture			0.919	-0.163
			(1.29)	(-0.73)
Constant	-8.691	6.856	-68.168*	-13.369
	(-0.72))	(1.10))	(-1.82)	(-1.00)
年份	Yes	Yes	Yes	Yes
行业	Yes	Yes	Yes	Yes
Observations	652	1227	362	836
R2	0.756	0.907	0.866	0.981
经验 p 值	0.001***		0.001***	

Robust t-statistics in parentheses

*** p<0.01, ** p<0.05, * p<0.1

（三）高科技企业和传统企业回归的系数差异性检验

中国经历四十多年的经济快速发展后，由高速增长转向高质量增长。中国经济发展从最初依靠廉价劳动力和高资源投入的粗放增长，逐步转向依靠智力密集型和资本密集型产业来推动经济发展。中国企业要“走出去”的动机，一方面来自国内产业的生产过剩，而过剩的产能大都来自传统行业，通过实施跨国投资将国内过剩的产能转移出去，同时并购东道国的传统企业，也是实施横向一体化战略，通过并购可以获得降低生产成本、避开关税壁垒、拓展市场渠道等益处。另一方面提升企业的国际竞争力，需要实现产业的转型升级，通过跨国并购东道国的高科技企业，可以快速获得新技术、新知识、新品牌等。中国企业为了获得战略资产并购高科技企业，属于“弱势并购”，并购对象以美国为首，及其盟国欧洲、加拿大、日本、韩国等发达国家，中国企业在这些国家并购高科技企业面临着不友好的审查和限制（李强，2011），并且当前国家间的竞争是综合国力的比拼，科技作为第一生产力，是国家保持竞争优势的来源，并购高科技企业面临的审查和障碍远高于传统行业企业，因此本章引入高科技企业和传统企业做区分考察。

表4–9显示中国与东道国建交年长对于中国企业在该国的高科技企业和传统企业跨国并购规模的影响。列（1）和列（3）显示中国与东道国建交年长对高科技企业跨国并购的影响，回归结果均显示建交年长的系数无显著影响；列（2）和列（4）显示中国与东道国建交年长对传统企业跨国并购的影响，列（2）为单变量回归结果，显示中国与东道国建交年长系数不显著，而列（4）添加相关控制变量后，回归结果显示建交年长的系数显著为正（$p<0.05$）。表明中国与东道国的建交年长对中国企业在跨国并购传统企业有显著正向影响，而在跨国并购高科技企业并无显著影响。但当采用被并购公司是否属于高科技公司进行分组时，虽然 Hightech 组的系数不显著，但列（4）中 Nohightec 组的系数显著为正（$p<0.05$）。结果可能说明在保持国家竞争优势的高科技行业领域，东道国仍会出于对国家利益的保护对外资的并购进行限制，并不会基于双边关系变化而有重大改变，但经验 p 值表明二者的差异并未达到10%的水平，若仅通过比较两组系数的显著性或系数大小进行推断得出上述结果可能比较武断。

表4-9　高科技企业和传统企业的分组检验

变量	Tobit (1) (Hightech)	Tobit (2) (Nohightec)	Tobit (3) (Hightech)	Tobit (4) (Nohightec)
	MAvalue	MAvalue	MAvalue	MAproport
DIP	0.005	0.033	0.058	0.034**
	(0.14)	(1.32)	(0.66)	(2.23)
lnGDP			-0.448	0.874**
			(-0.46)	(2.08)
Resources			2.069	8.786**
			(0.20)	(2.36)
Tax			-4.492	0.719
			(-0.45)	(0.18)
lnPGDP			0.000	0.000**
			(0.31)	(2.25)
Institutions			-0.855	-2.446*
			(-0.23)	(-1.92)
Bit			-2.792	1.254
			(-0.78)	(0.95)
lnDistance			-0.247	0.572
			(-0.15)	(0.60)
Culture			-0.217	0.255
			(-0.39)	(0.85)
Constant	0.002	5.641	14.519	-27.488
	(0.01)	(0.65)	(0.43)	(-1.56)
年份	Yes	Yes	Yes	Yes
行业	Yes	Yes	Yes	Yes
Observations	266	266	353	845

续表

变量	Tobit （1） （Hightech）	Tobit （2） （Nohightec）	Tobit （3） （Hightech）	Tobit （4） （Nohightec）
	MAvalue	MAvalue	MAvalue	MAproport
R2	0.339	0.654	0.293	0.529
经验 p 值	0.895		0.721	

Robust t-statistics in parentheses

*** p<0.01, ** p<0.05, * p<0.1

五、机制分析

通常来讲，中国与东道国建交伊始就会相互在对方首都设立大使馆并互派大使，随着时间推移，两国之间的官方和民间交往逐渐增多，领事馆作为在首都外其他城市开办的机构，用以管理本国侨民和其他事务，为两国之间增进交流提供便利。驻外大使馆、领事馆发挥的双边外交作用对经济发展有良好的促进影响（Rose, 2007），驻外机构指标是中国与外国双边外交关系的重要体现之一（孙学峰、丁鲁，2017），建立正式外交关系的时间越长，越有利于领事馆的数量增加，也有利于对东道国的法律和政策加强理解，日常的沟通更充分，不仅能为本国企业跨国并购时提供信息咨询，也能在并购协商和审批时起到推进作用。随着建交时间的推移，良好持久的双边关系不仅能释放政治互信与友好往来的积极信号，也能为双方未来的合作打造出稳定的外部环境（王孝松，2022），有利于抑制贸易保护，在发生贸易纠纷时及时进行友好协商达成谅解，从而减少投资和贸易方面的摩擦。因此，本章引入领事馆数量、跨国并购审批时间和贸易纠纷进行机制分析。

表 4-10　机制分析的回归结果

变量	（1）	（2）	（3）
	Consulate	Process	Anti-dumping
DIP	0.589* （1.83）	-0.086** （-2.17）	-0.159* （-1.82）

续表

变量	（1）	（2）	（3）
	Consulate	Process	Anti-dumping
lnGDP	0.368 （0.75）	–0.069 （–0.38）	–0.678 （–0.39）
Resources	0.568 （0.387）	0.885 （0.37）	0.579 （0.37）
Tax	–0.033 （–0.345）	–0.012 （–0.35）	–0.034 （–0.35）
InPGDP	1.268** （2.12）	1.447** （2.11）	1.233** （2.11）
Institutions	–2.126** （–2.58）	–2.023** （–2.28）	–2.123** （–2.28）
Bit	–0.689 （–0.533）	–0.587 （–0.47）	–0.531 （–0.47）
Indistance	0.001** （2.12）	0.001** （2.17）	0.001** （2.11）
Culture	0.036 （0.33）	0.056 （0.35）	0.036 （0.34）
Constant	–13.888 （–1.211）	–12.879 （–1.37）	–15.214 （–1.26）
年份	Yes	Yes	Yes
国家	Yes	Yes	Yes
Observations	90	1355	1235

Robust t–statistics in parentheses

***p<0.01, **p<0.05, *p<01

（一）中国与东道国建交年长与领事馆数量

在跨国并购中，东道国会设置旨在保护本国利益的审查机制，设计并运用外资准入的政策工具，这也是国家主权权利的体现。外交往来可以通过在允许外资进入的两国之间建立有效的政府之间磋商机制，建立公平的竞争环境，也可以制定与国家安全和公共利益有关的跨国投资审查共同标准，增加投资政策的透明度。作为双方进行磋商的联系机构，驻外机构发挥着重要作用，驻外机构中最重要和常设的是大使馆和领事馆，大使馆只开设在一国首都，根据《维也纳领事关系公约》，领事通常派驻在另一国首都以外的地区，在当地提供领事认证、签证、公证、安全提醒、当地资讯等领事服务，促进两国之间在经济、科技、文化、教育等方面的交往。领事馆的设置有助于中国企业前往东道国进行经济活动和业务往来。建立模型：

$$\text{Consulate}=\alpha_0+\alpha_1\,DIP+\alpha_n\,Controls+Year+Country+\varepsilon$$

本书用东道国在中国开设领事馆数量衡量中国企业在东道国并购时的便利程度。中国与东道国建交时间越长，两国越可能相互设立领事馆。而设立领事馆数量越多，越有利于中国企业在东道国进行投资和并购。

表4–10的列（1）显示中国与东道国建交年长对该国在中国设立领事馆数量的影响。回归结果显示中国与东道国建交年长的系数显著为正（$p<0.10$），表明中国与东道国建交时间越长，该国在中国设立领事馆数量越多。

（二）中国与东道国建交年长与跨国并购审批时间

在跨国并购中，东道国为规范外资的准入和设立，运用审查机制来行使其经济主权，并出于国家安全和公共利益的考虑，对跨国投资的个案进行专门的审查。许多国家除了有针对外资的一般法律审查外，还设立了跨国投资特别审查框架，用以评估该项跨国投资是否会对国家安全和公共利益造成损害。根据联合国贸发会议的统计，对跨国投资的审查机制根据深度和范围的不同，大体可以分为三类。第一类是对涉及国家利益的敏感行业或交易的特别审查程序，如涉及军事、公用事业、能源、金融、电信等行业。第二类是比较宽泛的针对可能影响国家经济稳定和社会基本生活秩序的跨国投资，对这一类跨国投资通常实施跨部门审查，各国的审查标准也并不统一。第三类是针对特定实体的审查机制，这里的特定实体通常是从事某类敏感行业的公司，如美国针对中国的华为、中兴等高科技公司的投资限制。通常来讲，双方建立正式外交关系的时间越长，彼此之间政策的沟通越充分，对东道国的法律体系和政策预期越了解，并购越快捷，审批时间越短。因此，本章引入跨国并购的审批时间再次进行机制分析。建立模型：

$$\text{Process}=\alpha_0+\alpha_1\,DIP+\alpha_n\,Controls+Year+Country+\varepsilon$$

表4–10的列（2）显示了中国与东道国建交年长对中国企业跨国并购审批复杂度的影响。回归结果显示中国与东道国建交年长的系数显著为负

（$p<0.05$），表明中国与东道国建交年度越长，中国企业在该国实施并购时接受的审批时间越短，中国企业在该国并购的时间成本越低。

（三）中国与东道国建交年长与贸易纠纷

贸易纠纷伴随着全球经济贸易一体化的发展而增多，各国工业化的不平衡和发展水平的不同阶段导致国家间的竞争优势不一致，贸易纠纷的实质是两国之间竞争优势的较量，作用在于维护本国生产者的利益。这种竞争优势不仅仅指国家的资源要素、规模经济与市场规模等生产条件，也包括投资规则、贸易政策、市场环境等社会政治经济环境。中国改革开放四十多年，是由计划经济向市场经济转型改革的四十多年，即使中国加入世界贸易组织已有二十年的历程，但部分国家特别是欧美国家仍不认为中国是完全市场经济的国家，这些国家出于维护本国产业的利益，否定中国坚持市场化改革的方向，至今仍坚持认定中国为非完全市场经济国家，使得中国在反倾销方面受到以不公平的替代国价格来计算中国企业的倾销幅度和“一国一税”等不公平待遇。至今，美国与部分西方国家对非市场经济国家的反倾销法仍然适用于中国企业。杨连星（2021）通过对中国企业跨国并购和反倾销的案件研究，发现反倾销壁垒对企业的跨国并购有多重影响，通过增加产业链的并购成本，从而抑制了企业的跨国并购规模和数量。余振和陈鸣（2019）通过研究2006—2015年十年间中国企业对外投资的11个行业以及相应行业的对华反倾销存量面板数据，发现反倾销措施更容易促使中国企业向制度环境差和资本密集型的国家和产业进行跨国投资。反倾销措施是中国企业做出跨国投资选择的重要考虑因素之一，如前所述，本章认为随着两国建交，两国在政策沟通和贸易往来等方面有着正常的渠道，随着建交时间的推移，双方对彼此之间的政策法规、经济环境、交易规则等方面增加了解，从而减少投资贸易方面的纠纷。因此，本章引入反倾销调查做机制分析。建立模型：

$$Anti\text{-}dumping = \alpha_0 + \alpha_1 DIP + \alpha_n Controls + Year + Country + \varepsilon$$

本章中 Anti-dumping 为东道国在世界贸易组织（WTO）对中国发起的反倾销调查数量，衡量中国与东道国在贸易规则上的沟通顺畅程度。中国与东道国建交时间越长，两国之间长期的官方往来、外交沟通越成熟密切，通常在贸易上的纠纷可以通过两国之间的沟通协商来解决而不是向世界贸易组织申请发起反倾销调查。因此我们预期中国和东道国建交时间越长、外交越密切，东道国对中国发起的反倾销调查数量越少。

表4-10的列（3）显示中国与东道国建交年长对该国在世界贸易组织发起对华反倾销调查的影响。回归结果显示中国与东道国建交年长的系数显著为负（$p<0.10$），表明中国与东道国建交时间越长，该国在世界贸易组织发起对华反倾销调查的数量越少。

第六节　本章小结

本章分析了中国与东道国建立外交关系对中国企业跨国并购的影响。新中国自成立以来，秉承独立自主的外交方针发展外交关系，从最初与中国建立外交关系的社会主义阵营国家，到大批在二战后获得独立的原亚非拉殖民地国家与中国建交，并在第三世界国家的大力支持下，中国恢复了联合国合法席位，随后一大批在美苏两大阵营的中立国家与中国建立了外交关系。改革开放后中国实施韬光养晦的外交战略，赢得了长期和平发展的稳定环境，十八大以来中国提出“一带一路”倡议，积极主动地开展大国外交，国际地位和影响力不断提升，与全球181个国家建立了正式外交关系，为中国企业“走出去”实施跨国并购营造了更加和平友好的外部环境。从外交关系与中国企业跨国并购实证研究的基本回归的结果看，符合本章提出的两个假设，即中国与东道国建立外交关系的时间越长，越有利于中国企业在东道国实施跨国并购，跨国并购的成功率也越高。

同时，通过异质性分析发现，欧美等发达国家与中国建交时间越长，越有利于中国企业的跨国并购，而与发展中国家的建交年长对中国企业跨国并购则没有显著影响；中国与东道国建交时间越长，也越有利于国有企业和传统企业的跨国并购。为确保研究结果的可靠性，引入东道国在中国开设领事馆的数量、跨国并购审批时间和贸易纠纷和进行机制分析，发现东道国与中国建交时间越长，在世贸组织对中国发起的反倾销诉讼越少，中国企业在东道国的跨国并购接受的审批时间越短，两国互设的领事馆数量也越多，更有利于中国企业在跨国并购时提供认证、签证、公证、安全提醒、当地资讯等服务。

为确保研究结论的稳健，引入新中国恢复联合国合法席位投票和国家层面的并购数据进行稳健性检验，引入曾经是否是社会主义阵营国家作为工具变量探讨内生性问题，回归结果均与前文结果保持了一致，内生性未影响到本章主要结果的稳健。

第五章

签订“一带一路”备忘录与中国企业跨国并购

第一节　引言

2013年9月，习近平主席在访问中亚时首次提出了建设“丝绸之路经济带”的倡议，同年10月，习近平主席在访问东盟时又提出了共建“21世纪海上丝绸之路”的倡议。“一带一路”打造中国与相关国家互利共赢的“利益共同体”和共同繁荣发展的“命运共同体”的倡议和构想，将东亚、东南亚、中亚、欧洲南部、非洲东部等广大地区联系在一起，覆盖了60多个国家，总人口超过40亿，经济总量超过20万亿美元。从资源拥有情况来看，“一带一路”沿线区域是全球最主要的能源和矿产资源供应地，“一带一路”共建国家资源互补性强。从发展情况看，“一带一路”沿线既有发达国家，也有发展中国家，由于所处发展阶段不同、禀赋优势不同，这些国家在农业、化工、能源、交通、通信、科技等诸多领域存在广阔的合作空间，具有很大的经济发展潜力。

“一带一路”倡议的提出和推动，显著地促进了中国企业对“一带一路”国家投资的增长，并且对已有投资基础或投资项目的相关经济体的投资增长更为显著（吕越等，2019）。对于中国的经济和社会发展而言，“一带一路”由中国提出，内涵更为广阔。首先，从对外开放的角度而言，“一带一路”进一步巩固和扩大了我国与更广大发展中国家的合作，2008年的金融危机和随后的中美贸易摩擦，使我们更清醒地认识到如果对外投资主要投向欧美等发达国家和地区将面临的政治风险具有更大的不确定性，目前“一带一路”众多发展中国家经济快速增长，拥有巨大市场需求，已经成为各国资本投资的理想之地。其次，从我国经济转型升级角度而言，“一带一路”共建国家处于不同的发展阶段，既有技术和市场先进的发达国家，也有资源丰富、基础设施不完善的发展中国家，可以促进我国产业升级、增强国际竞争力，也可以为产业转移化解多余产能提供广阔的战略空间。再次，从我国区域经济发展角度而言，“一带一路”倡议的主要方向是西方，为中西部地区提供了战略导向和政策支撑，为中西部地区的发展注入了新的活力，促进了区域经济的协调发展。“一带一路”倡议能够缩小中国与“一带一路”共建国家的政治距离，改善宏观制度环境，降低交易成本（周芮帆、洪祥骏，2021），中国企业通过并购不仅能提升企业的绩效，也提高了东道国的经济效益，带动了双方的持续投资。“一带一路”倡议的实施和推进为中国和东道国都带来了双赢，推动两国加深政治互信，为中国企业在“一带一路”国家实施并购创造了外部条件。

本书前述从三个维度搭建了政治互信的研究框架，一是从双方形成和强化长期往来的信誉机制，即中国与其他国家建交的历史友好关系；二是从双方形成或具有某种契约关系，即当前双方在响应和参与“一带一路”建设等国际事务的友好互信；三是从双方培育和建立的感情偏好，即面向未来的以留学生教育提升文化软实力培育政治互信等三个维度构建政治互信的理论框架。本章从第二个维度“双方形成或具有某种契约关系”，即双方签署“一带一路”备忘录，共建当前在国际事务中的友好互信，来分析政治互信对跨国并购的影响。

第二节 文献回顾

一、签订“一带一路”备忘录回顾

“一带一路”倡议作为我国十八大以后统筹对外开放的全新战略，是我国新时期对外开放的龙头。随着“一带一路”建设的逐步推进，中国进一步表示，“一带一路”是一个开放的平台，不仅仅局限于沿线的国家，只要愿意共同参与、共同建设，推动本国和区域经济社会的繁荣发展，都可以参与其中。中国政府分别在2017年5月和2019年4月在北京举办了第一届和第二届“一带一路”国际合作高峰论坛，两届高峰论坛包括联合国秘书长和39国领导人出席，习近平主席出席论坛开幕式并致辞。“一带一路”倡议成为中国推动多边外交、增进睦邻友好、发挥国际影响力的重要平台。

从2013年提出至今，既有广大的国家踊跃参与，与中国签订双边协议，参与亚洲基础设施投资银行的建设等，也有美国、澳大利亚、印度等国家的明确抵制和消极发声。在中国提出“一带一路”倡议的同时，美国也主导发起了TTP（跨太平洋伙伴关系）和TTIP（跨大西洋贸易与投资伙伴协定），这两个协定主要依照发达国家经济发展水平制定贸易规则和标准，毫无疑问将中国和很多发展中国家排除在外。虽然随着特朗普政府的上台，TTP（跨太平洋伙伴关系）和TTIP（跨大西洋贸易与投资伙伴协定）最终没有达成，但特朗普政府随后发动的贸易战，使中美的双边关系和经济贸易走向了紧张的边缘。我国期望通过“一带一路”与更多国家建立和加强双边关系，进一步增强政治互信，能够响应“一带一路”倡议和共同参与“一带一路”建设是与我国在新时期加强政治互信的一个重要展现。

“一带一路”倡议是打造各国的利益共同体、命运共同体和责任共同体，并非一个合作组织或多边协议，而是各国在自愿的基础上打造经济合作的伙伴关系，因此，参与“一带一路”倡议的重要形式即签订“一带一路”合作备忘录。备忘录并非协议，在外交中通常指双方在会议的磋商过程中，达成的一定程度的理解和一致意见，可以作为独立的文件，也可以附在公告、声明等文件的后面作为补充的文件，但不具有法律约束力。从2013年提出至2022年3月，中国共与149个国家签署了共建“一带一路”的备忘录，为和本章使用的跨国并购数据期限一致，本章使用了截至2018年年底与中国签署合作备忘录的国家数据，共117个国家，其中亚洲36个国家、非洲36个国家、欧洲23个国家、大洋洲7个国家、南美洲7个国家、北美洲8个国家，如表5-1所示。在签署的备忘录中，基本明确是以书面形式确认双方之间的一致利益和共同的行动方针，并指明两国在未来的合作领域，主要体现在“一带一路”提出的五通方面，即政策沟通，双方加强互联互通和政策对话；设施联通，双方加强运输、物流和基础设施合作；贸易畅通，双方致力于消除贸易和投资壁垒；资金融通，双方加强金融合作；民心相通，双方加强文化、旅游和环境问题的合作。

表5-1 与中国签署"一带一路"备忘录的国家

洲别	国名
亚洲	哈萨克斯坦、卡塔尔、斯里兰卡、阿塞拜疆、格鲁吉亚、韩国、塔吉克斯坦、土耳其、乌兹别克斯坦、柬埔寨、老挝、孟加拉国、阿富汗、巴基斯坦、东帝汶、黎巴嫩、马尔代夫、马来西亚、蒙古、缅甸、尼泊尔、沙特阿拉伯、泰国、文莱、新加坡、亚美尼亚、伊拉克、伊朗、越南、阿拉伯联合酋长国、阿曼、巴林、菲律宾、吉尔吉斯斯坦、科威特、印度尼西亚
非洲	埃及、马达加斯加、摩洛哥、阿尔及利亚、埃塞俄比亚、安哥拉、布隆迪、多哥、佛得角、冈比亚、刚果（布）、吉布提、几内亚、加纳、加蓬、津巴布韦、喀麦隆、科特迪瓦、肯尼亚、利比亚、卢旺达、毛里塔尼亚、莫桑比克、纳米比亚、南非、尼日利亚、塞拉利昂、塞内加尔、塞舌尔、苏丹、索马里、坦桑尼亚、突尼斯、乌干达、赞比亚、乍得
欧洲	白俄罗斯、保加利亚、波兰、捷克、马其顿、塞尔维亚、斯洛伐克、乌克兰、阿尔巴尼亚、爱沙尼亚、波斯尼亚和黑塞哥维那、俄罗斯、黑山、克罗地亚、拉脱维亚、立陶宛、罗马尼亚、摩尔多瓦、斯洛文尼亚、奥地利、马耳他、葡萄牙、希腊
大洋洲	新西兰、巴布亚新几内亚、斐济、密克罗尼西亚联邦、萨摩亚、汤加、瓦努阿图
南美洲	玻利维亚、厄瓜多尔、圭亚那、苏里南、委内瑞拉、乌拉圭、智利
北美洲	巴拿马、安提瓜和巴布达、多米尼加、多米尼克、哥斯达黎加、格林纳达、萨尔瓦多、特立尼达和多巴哥

资料来源：根据"中国'一带一路'网"整理

二、相关研究回顾

习近平主席提出的"一带一路"倡议作为新时代中国外交战略的重要组成部分，对中国实施大国外交提供了重要指引，也对中国企业实施"走出去"战略提供了政策支撑。在中国企业对"一带一路"共建国家的跨国投资研究方面，由于"一带一路"倡议的提出属于一个外部事件的冲击，因此学者们大多选择双重差分法甚至三重差分法来研究"一带一路"倡议对中国企业跨国投资的影响。在投资的动机方面，四十多年来中国作为全球发展最快的大国，是世界最大的石油消费国和进口国，也是其他能源如煤、铁、铝等资源消耗的大国，中国企业的跨国投资具有很强的资源获取目的，同时中国企业具有较强的制度风险偏好，倾向于向政治和法律风险较大、自然资源和劳动力资源更丰富的国家进行跨国投资，具有很强的资源寻求动机（田原、李建军，2018），并且中国企业在能源投资方面更倾向于海上丝绸之路国家，并且跨国并购的促进效应要好于绿地投资（肖建忠、肖雨彤，2021）。

在并购的对象方面，“一带一路”国家既有发达经济体，也有发展中经济体，随着中国迈入中等收入水平国家，产业的转型升级是当前中国企业面临的迫切任务，企业的竞争优势来源逐渐从自然资源、廉价劳动力向创新能力转变，中国企业对发展中国家的投资主要在于化解国内的产能过剩，偏重于基础设施的投资，而对发达国家的并购主要在于实现产业的转型升级，偏重于先进技术产业的并购（方慧、赵胜立，2017）。中国企业通过跨国并购获取资源的同时，在部分行业已接近或超过发达国家的水平，中国企业在某些领域已具备了相对优势，在发达国家和地区实施投资并购，利用发达国家的区位优势提升企业竞争力。

从“一带一路”倡议对中国企业跨国并购的影响来看，“一带一路”倡议能够减少中国企业在跨国并购时东道国的政治风险，显著增加了中国企业的跨国投资（张鹏飞、谢识予，2020）；“一带一路”倡议主要是通过“五通”来促进中国企业的跨国投资，“一带一路”倡议提出后，中国企业对“一带一路”共建国家的跨国投资增加达到32%左右（吕越等，2019）。虽然“一带一路”倡议降低了中国企业跨国投资的经营成本，显著促进了中国企业的跨国投资，但是这种投资促进效应仅限于“一带一路”共建国家（孟醒，2021）。

同时，中国和东道国都能通过“一带一路”倡议获得经济利益，取得双赢的效果，牛华和毕汝月（2020）从微观层面考察中国企业对“一带一路”共建国家的跨国投资，发现“一带一路”倡议显著增加了中国企业跨国投资的经济增长，并改善了“一带一路”共建国家的内部收入分配格局和人均收入水平。

第二节　理论分析与研究假设

签署“一带一路”备忘录是东道国与中国在当前国际事务中增进政治互

信的重要体现，有利于促进中国企业对东道国的跨国并购，本章以制度理论和重复博弈理论进行理论分析，提出研究假设。

制度理论认为制度可以分为正式的制度和非正式的制度，不论是法律法规、体制机制等正式制度，还是道德伦理、价值观等非正式制度，都对个体间的相互关系形成制约。正式制度可以刚性地保护投资者的利益，在一方违约时另一方的预期利益能得到保护，使得双方间的契约能够执行，促进企业的投资活动，从而促进交易推动经济发展（La Porta et al., 1997）。但在经济往来中，如果所有契约的执行都要依靠法律等正式制度，其高昂的执行成本和执行力度会使双方望而却步（Allen et al., 2005），只有引入互信等道德规范和价值观等非正式制度，才能降低双方的交易成本，促进契约的履行。特别是在制度不完善的国家，主要是发展中国家，非正式制度能对投资起到更好的保护作用（Knack and Keefer, 1997），行政效率和司法效率也更依赖非正式制度发挥作用（Guiso et al., 2004）。"一带一路"共建国家中发展中国家居多，备忘录虽不是合作协议，不具有法律约束力，但作为双方的书面承诺，是非正式制度的有效补充，有利于营造互信的外部环境。

从重复博弈的角度讲，"一带一路"备忘录作为双方的一种书面的承诺，是双方签订的契约，契约的违背导致的是国家信用的损害，可能引起对方的报复和国际社会其他成员的警惕，提升了信用成本。在一次性博弈中双方会选择欺骗，而重复博弈中，诚实则是双方最好的选择（张维迎，2002），互信是双方实现利益长期化的结果。因此，为进一步增进互信以推动长期合作，以国家信用为背书达成或签订某种契约成为重要的方式，契约关系可以是具有法律约束力的契约，如双方签订合作互助的条约或加入共同的组织，受到条约和组织的约束，也可以是不具有法律约束力的一般契约，正如中国发起"一带一路"倡议等。中国与签订"一带一路"合作备忘录的国家之间，虽然备忘录并没有规定具体的责任和义务，但双方可以在共同的框架之下开展对话和交流，解决彼此共同面对的问题，就预期的利益协商一致，共同遵守达成的备忘录，在形成最大公约数的基础上增进政治互信达成合作。

良好的政治互信可以从两国政府制度安排出发，以国家信用和力量降低交易成本，对跨国投资提供保护（Long and Leeds, 2006），通过与东道国签订备忘录，以增加两国的政治互信从而降低国际关系变动导致的汇率、关税等外部因素的不确定性，提高企业跨国并购的成功率。但“一带一路”倡议作为推动中国形成全面开放新格局的重要抓手，在促进中国企业跨国并购的同时，也带来一些风险和问题。在响应国家“一带一路”倡议的号召和“政策性任务”的激励下，中国企业特别是国有企业更可能通过购买海外标的资产的方式完成政治任务，民营企业在跨国并购时有较大的自主权，容易出现追逐短期利益、忽视风险和市场调研、出现非理性并购的现象，最终导致并购完成率较低。因此，签订“一带一路”备忘录能否既提高中国企业并购规模又提高并购成功率，本章提出假设 H1。

假设 H1：中国与东道国签订“一带一路”备忘录能够提升中国企业在东道国的并购成功率。

“一带一路”倡议实施以来，中国积极与“一带一路”国家开展人民币清算等金融合作和信息共享业务，降低中国企业在东道国的信息成本和投资不确定性（张亚斌，2016），通过提升企业融资的便利性和双边友好关系，在促进并购的同时降低并购溢价水平（韦东明等，2019）。本章选择事件研究法研究并购溢价，事件研究法认为资本市场是有效的，公司股票市场价格已反映了所有已知的公司信息，且投资者是理性的，对新公布的信息的反馈也是理性的。因此在股票收益中剔除掉受某个特定事件的影响得到的收益是企业的正常收益，实际收益与正常收益的差值即为特定发生而带来的超常收益。所以，可用超常收益来评价公司股票对某个特定事件发生的反应程度。本章用建立在股价基础上的事件研究法来检验签订“一带一路”备忘录对并购溢价的影响。因此，本章提出假设 H2。

假设 H2：中国与东道国签订“一带一路”备忘录能够有效降低中国企业在东道国的并购溢价。

“一带一路”倡议由中国发起，各国在自愿的基础上打造经济合作伙伴关系，因此，参与“一带一路”倡议的重要形式即签订“一带一路”合作备忘录。备忘录并非协议，虽不具有法律约束力，但有助于中国与签订国之间进一步拓展外交、经济等方面的往来。“一带一路”备忘录具有的契约效应，可以一定程度上约束东道国将国内政治压力传递给中国企业，为中国企业提供非正式制度的保护（郭烨、许陈生，2016）。在促进中国与东道国的经济联系的同时，也有利于双方加强政治联系，扩大双方的利益边界（李俊久等，2019），从而促进中国企业的并购。“一带一路”倡议作为新时代中国实施大国外交的重要举措，能够积极响应并与中国签订“一带一路”备忘录是两国间政治互信的重要体现。本部分从中国与东道国签订“一带一路”备忘录体现政治互信进行分析。东道国与中国签订“一带一路”备忘录，加强与中国的政治沟通和联系，对中国企业在该国的并购具有积极的推动作用。因此，本章提出假设H3：

假设H3：中国与东道国签订“一带一路”备忘录能够扩大中国企业在东道国的并购规模。

第四节　实证分析

一、数据样本

本书的中国企业跨国并购数据主要来源于汤姆森（Thomson）数据库，以2008—2018年作为样本区间，选取中国企业跨国并购事件作为初始研究样本。对于初始研究样本，我们进行了如下处理：（1）剔除了中国企业跨国并购金额数据缺失的样本。（2）剔除了计算相关变量所需数据缺失的样本。经过处理后，本书共得到1940个公司并购观测值。

二、变量与数据说明

（一）被解释变量

本章分别从并购成功率、并购溢价、并购规模等三方面来考察签订“一带一路”备忘录对中国企业跨国并购的影响。因此，本章的被解释变量：（1）Complete为中国企业在东道国发起的并购是否成功，是则取1，否则取0；（2）Prem为中国企业在东道国实施并购所产生的溢价，参考钟宁桦（2019）具体分为三期，第一期为并购价格与目标企业在并购公告宣布前一天股票价格的差额，第二期为并购价格与目标企业在并购公告宣布前一周股票价格的差额，第三期为并购价格与目标企业在并购公告宣布前四周股票价格的差额；（3）

MAvalue为中国企业在东道国进行单次并购支付的金额。参考钟宁桦（2019）并结合本章的数据情况，即单个企业在单个国家一年内进行多次并购的情况极少，且单个企业持续每年对同一个国家发起并购的情况也极少，因此使用中国企业在东道国进行单次并购支付的金额作为被解释变量；MAproport为中国企业在东道国进行单次并购支付的金额占该年度东道国获得外商投资直接总额的比重，外商直接投资主要包括绿地投资和跨国并购，中国企业并购的金额占东道国获得外商直接投资总额的比重整体呈现中国企业在东道国的并购规模。

（二）解释变量

中国与东道国签订"一带一路"备忘录。如前所述，签订"一带一路"备忘录有助于增进中国与东道国的政治互信，促进企业在东道国实施跨国并购。与中国签订"一带一路"备忘录的国家数据来源于"一带一路"官方网站，经手工整理得出。

（三）控制变量

在跨国并购中，区位优势对企业在选择并购对象时有着极大的影响，这种区位优势主要来自东道国自身的情况，本章参考刘晓光和杨连星（2016）、闫雪凌和林建浩（2019）和杨连星（2021）的研究，控制了可能影响并购的东道国国家层面政治、经济、文化等方面相关的变量：

国内生产总值GDP的自然对数（lnGDP）。GDP代表一个国家的经济体量和投资消费的整体实力，本章选取国内生产总值来衡量东道国的市场规模，在计算时未扣除资产折旧或自然资源损耗和退化，数据来源于世界银行数据库，以2005年不变价美元为单位。

人均国内生产总值（PGDP）。通常代表一个国家的劳动力成本和工资水平，可以衡量东道国的经济发展水平，本文使用东道国的人均GDP来度量其经济发展水平，数据来源于世界银行数据库。

自然资源禀赋（Resources）。东道国资源丰裕度，本章用世界贸易组织统计的东道国的矿物燃料、矿石和金属占商品出口的百分比，来度量该国自然资源的丰裕程度（Buckley et al., 2007; Kolstad et al., 2012），数据来源于世界银行数据库。

税负水平（Tax）。本章使用了东道国企业总体税率，总税率衡量的是企业在扣除允许的扣除额和免税额后，按应占商业利润的比例缴纳的税款和强制性供款额，数据来源于世界银行数据库。

制度质量（Institutions）。通常东道国的制度质量越高，企业在跨国并购时的预期更加稳定，寻租等成本越低，并购的环境也越安全，本章选取世界银行全球治理指标（WGI）的6个制度因素（王永钦等，2014），并取平均数来衡量东道国总体制度水平。

地理距离的自然对数（lnDistance）。通常认为两国距离越远，并购的管理成本和整合成本越高，进入东道国市场的难度越大，但根据引力模型，距离越远两国之间的国际贸易成本越高，企业会倾向于用对外直接投资来代替出口，因此地理距离对跨国并购的影响并不确定，本章以中国首都北京与东道国首都之间的贸易距离的自然对数来衡量两国之间的地理距离，数据来源于法国社会展望和国际信息研究中心数据库。

汇率（Rate）。指按照国际货币基金组织统计的东道国货币相对于人民币的年度平均汇率。

贸易开放度（Trade）。贸易开放度以东道国贸易总额占其GDP的比重来衡量，比重越高说明其对外开放的程度越高，数据来源于联合国商品贸易统计数据库。

中国与东道国建交年长（Diployears）。指我国与东道国建立正式外交关系时间的长短，以我国与东道国建交年份和测试年份的差值来表示，建立外交关系的数据来源于外交部官方网站。

行业关联度（Rlated）。表示并购方与被并购方行业关联度，参考钟宁桦等（2019），当双方SIC四位码相同时取值6，只有前三位码相同时取4，前两位码相同时取2，否则取0。

Tender。表示并购方发起的该笔并购是否为要约收购，是为1，否则为0，数据主要来源于汤姆森SDC Platium全球并购数据库，并结合ZEPHYR全球并购交易分析库和国泰君安CSMAR研究数据库的信息进行补充整理。

PLI。表示并购方在并购宣告前三年是否并购过被并购方所在国企业，是为1，否则为0，数据主要来源于汤姆森SDC Platium全球并购数据库，并结合ZEPHYR全球并购交易分析库和国泰君安CSMAR研究数据库的信息进行补充整理。

CompExp。表示并购方在并购宣告前已完成跨国并购数量，用以衡量并购方所具有的并购经验，数据主要来源于汤姆森SDC Platium全球并购数据库，并结合ZEPHYR全球并购交易分析库和国泰君安CSMAR研究数据库的信息进行补充整理。

三、模型与回归方法

对于"假设H1：中国与东道国签订"一带一路"备忘录能够有效提升中国企业在东道国的并购成功率"，由于本章使用的数据为重复截面数据，每个参与跨国并购的中国公司只有一个或者几个观察值，因此无法控制"个体固定效应"，但仍然可以控制时间和行业固定效应。因此，参考Chu等（2020）和Chen和Zhou（2007）的计量模型，设定如下截面数据DID模型，建立模型1：

$$\begin{aligned}Completion=&\beta_0+\beta_1\,Beltroad+\beta_2\,lnGDP+\beta_3\,GDPgrowth+\beta_4\,PGDP\\&+\beta_5\,Resources+\beta_6\,Instituions+\beta_7\,Distance+\beta_8\,Rate\\&+\beta_9\,Trade+\beta_{10}\,Disployears+\beta_{11}\,Rlated+\beta_{12}\,Tender\\&+\beta_{13}\,PLI+\beta_{14}\,CompExp+\beta_{15}\,Hightech+Year+Ind+\varepsilon\end{aligned}$$

对于"假设H2：中国与东道国签订"一带一路"备忘录能够有效降低中国企业在东道国的并购溢价"，仍参考Chu等（2020）和Chen和Zhou（2007）的计量模型，建立模型2：

$$\begin{aligned}Prem=&\beta_0+\beta_1\,Beltroad+\beta_2\,lnGDP+\beta_3\,GDPgrowth+\beta_4\,PGDP\\&+\beta_5\,Resources+\beta_6\,Instituions+\beta_7\,Distance+\beta_8\,Rate\\&+\beta_9\,Trade+\beta_{10}\,Disployears+\beta_{11}\,Rlated+\beta_{12}\,Tender\\&+\beta_{13}\,PLI+\beta_{14}\,CompExp+\beta_{15}\,Hightech+Year+Ind+\varepsilon\end{aligned}$$

对于"假设H3：中国与东道国签订"一带一路"备忘录能够扩大中国企业在东道国的并购规模"，仍参考Chu等（2020）和Chen和Zhou（2007）的计量模型，建立模型3：

$$\begin{aligned}MA=&\beta_0+\beta_1\,Beltroad+\beta_2\,lnGDP+\beta_3\,GDPgrowth+\beta_4\,PGDP\\&+\beta_5\,Resources+\beta_6\,Instituions+\beta_7\,Distance+\beta_8\,Rate\\&+\beta_9\,Trade+\beta_{10}\,Disployears+\beta_{11}\,Rlated+\beta_{12}\,Tender\\&+\beta_{13}\,PLI+\beta_{14}\,CompExp+\beta_{15}\,Hightech+Year+Ind+\varepsilon\end{aligned}$$

第五节　实证结果

一、描述性统计

表5-2为检验“一带一路”备忘录签订对中国企业跨国并购的影响的模型中各变量的描述性统计结果。其中中国企业跨国并购所支付的并购金额的均值为266.4388百万美元，单笔并购占中国该年度在东道国并购总金额的比重平均为19.8%，并购完成率为66.1%，相比钟宁桦等（2019）研究1991—2015年中国企业跨国并购统计的57.8%完成率有所提高。中国企业跨国并购溢价（并购价格与并购公告宣布前一天、前一周、前四周的差额）分别为每股27.4美元、31美元和38.5美元。并购前一天、前一周和前四周的溢价水平呈递增趋势，可能是因为并购日期的临近，有关并购的信息被释放并被视为利好信息，促使投资者买入提升了股价。中国与中国企业跨国并购标的企业所在的东道国之间的签订“一带一路”备忘录占比为5.3%。

表5-2　描述性统计

变量	样本量	平均值	标准差	最小值	最大值
MAvalue	1591	266.438	682.401	0.081	4400
MAproport	1939	0.152	5.118	−135.425	163.806
Prem1	330	0.274	0.967	−0.815	7.859
Prem2	333	0.31	0.922	−0.717	7.495
Prem3	331	0.385	1.044	−0.74	7.982
Complete	1591	0.661	0.473	0	1
Beltroad	1591	0.053	0.225	0	1
lnGDP	1591	27.902	1.93	20.673	30.603

续表

变量	样本量	平均值	标准差	最小值	最大值
GDPgrowth	1398	2.332	2.147	-5.54	8.73
PGDP	1591	41566.6	20896.05	334.022	85112.46
Resources	1565	0.258	0.226	0.021	0.839
Institutions	1586	1.046	0.726	-1.087	1.808
lnDistance	1580	8.861	0.675	6.862	9.738
Rate	1591	398.057	1873.012	0.385	13389.41
Trade	1591	57.809	57.343	17.197	276.327
Diployears	1588	45.118	11.361	2	71
Related	1591	1.742	2.513	0	6
Tender	1591	0.938	0.24	0	1
PLI	1591	0.211	0.408	0	1
CompExp	1591	10.001	32.698	0	179
Hightech	1591	0.261	.44	0	1

二、基本回归

（一）签订“一带一路”备忘录与中国企业在东道国的并购成功率

表5-3显示了签订“一带一路”备忘录对中国企业在东道国并购成功率的影响。列（1）为单变量回归结果，显示“一带一路”备忘录的系数显著为负（$p<0.10$），列（2）为控制其他影响因素后的回归结果，结果也显示“一带一路”备忘录的系数显著为负（$p<0.05$），回归结果表明中国与东道国签订“一带一路”备忘录对于中国企业在该国并购成功率有显著负向的影响。可能“一带一路”倡议虽推动了中国与东道国的合作，签订备忘录有利于推动中国企业积极走向海外市场，但由于政策导向的促进作用，中国企业的并购行为存在一定非理性因素，在并购规模扩大的同时，并购成功率并没有得到提高。

表5-3 “一带一路”备忘录签订与中国企业跨国并购成功率

变量	(1) Logit	(2) Logit
	Complete	Complete
Beltroad	-0.269*	-0.728**
	(-1.67)	(-2.15)
lnGDP		-0.303***
		(-3.56)
GDPgrowth		-0.068
		(-1.50)
PGDP		0.000
		(0.39)
Resources		-1.372***
		(-2.81)
Institutions		-0.136
		(-0.52)
lnDistance		-0.120
		(-0.82)
Rate		-0.000
		(-0.50)
Trade		-0.005**
		(-2.49)
Diployears		0.003
		(0.34)
Related		-0.042
		(-1.06)
Tender		0.069
		(0.23)

续表

变量	（1） Logit	（2） Logit
	Complete	Complete
PLI		0.055
		（0.26）
CompExp		0.008**
		（2.08）
Hightech		0.228
		（1.19）
Constant	−0.104	9.942***
	（−0.07）	（3.08）
年份	Yes	Yes
行业	Yes	Yes
Observations	1051	1247
$R^{贰}$	0.064	0.094

Robust t−statistics in parentheses

***p<0.01, **p<0.05, *p<0.1

（二）签订"一带一路"备忘录与中国企业在东道国的并购溢价

表5-4显示了签订"一带一路"备忘录对中国企业在东道国并购溢价的影响。列（1）的因变量为并购价格与目标企业在并购公告宣布前一天股票价格的差额，列（2）的因变量为并购价格与目标企业在并购公告宣布前一周股票价格的差额，列（3）的因变量为并购价格与目标企业在并购公告宣布前四周股票价格的差额。列（1）、列（2）和列（3）回归结果均显示"一带一路"备忘录的系数显著为负（p<0.05），表明中国与东道国签订"一带一路"备忘录对于中国企业在该国并购溢价有显著抑制作用。

表5-4　“一带一路”备忘录签订与中国企业跨国并购溢价

变量	(1) Tobit	(2) Tobit	(3) Tobit
	Prem1	Prem2	Prem3
Beltroad	−158.138**	−153.662**	−158.500**
	(−2.44)	(−2.27)	(−2.55)
lnGDP	10.153	12.228	13.078
	(0.60)	(0.70)	(0.81)
GDPgrowth	−15.057*	−16.953**	−19.105**
	(−1.86)	(−2.02)	(−2.46)
PGDP	−0.006***	−0.006***	−0.006***
	(−2.85)	(−2.87)	(−3.13)
Resources	264.197***	259.507***	278.893***
	(2.99)	(2.80)	(3.29)
Institutions	−68.775	−62.500	−57.434
	(−1.35)	(−1.17)	(−1.17)
lnDistance	54.036*	61.128**	55.589**
	(1.94)	(2.11)	(2.08)
Rate	−0.018	−0.016	−0.015
	(−0.87)	(−0.75)	(−0.77)
Trade	0.370	0.367	0.539*
	(1.20)	(1.14)	(1.83)
Diployears	−5.728***	−5.957***	−5.560***
	(−2.87)	(−2.90)	(−2.90)
Related	−3.309	−2.993	−2.893
	(−0.70)	(−0.61)	(−0.64)
Tender	5.928	−6.672	20.794
	(0.15)	(−0.17)	(0.56)

续表

变量	(1) Tobit	(2) Tobit	(3) Tobit
	Prem1	Prem2	Prem3
PLI	-2.286	-3.252	3.489
	(-0.08)	(-0.11)	(0.13)
CompExp	-0.189	-0.295	0.009
	(-0.37)	(-0.55)	(0.02)
Hightech	-6.046	-11.117	-6.549
	(-0.18)	(-0.32)	(-0.20)
Constant	-180.269	-260.931	-336.700
	(-0.34)	(-0.48)	(-0.67)
年份	Yes	Yes	Yes
行业	Yes	Yes	Yes
Observations	302	305	303
$R^{贰}$	0.014	0.014	0.016

Robust t-statistics in parentheses

*** p<0.01, ** p<0.05, * p<0.1

（三）签订“一带一路”备忘录与中国企业在东道国的并购规模

表5-5显示了签订“一带一路”备忘录对中国企业在东道国并购规模的影响。列（1）为单变量回归结果，显示“一带一路”备忘录的系数显著为正（p<0.10），列（2）为控制其他影响因素后的回归结果，显示“一带一路”备忘录的系数显著为正（p<0.05），列（3）为单变量回归结果，显示“一带一路”备忘录的系数并不显著，列（4）为控制其他影响因素后的回归结果，显示“一带一路”备忘录的系数显著为正（p<0.10）。上述结果均表明中国与东道国签订“一带一路”备忘录能够扩大中国企业在东道国的并购规模。

表5-5 签订“一带一路”备忘录与中国企业跨国并购规模

变量	(1) Tobit	(2) Tobit	(3) Tobit	(4) Tobit
	MAvalue	MAvalue	MAproport	MAproport
Beltroad	17.631*	297.238**	0.192	0.266**
	(1.78)	(2.44)	(0.37)	(2.31)
lnGDP		19.412		0.118
		(0.86)		(0.84)
GDPgrowth		11.988		0.022*
		(0.80)		(1.67)
PGDP		0.003		0.000
		(1.22)		(0.81)
Resources		120.237		-5.380***
		(0.79)		(-5.18)
Institutions		-224.780***		-0.346
		(-2.85)		(-0.84)
lnDistance		193.580***		0.150
		(3.81)		(0.10)
Rate		-0.020		-0.000
		(-1.42)		(-0.98)
Trade		0.501		0.001
		(0.76)		(0.55)
Diployears		4.132		-0.016
		(1.46)		(-0.32)
Related		-4.660		-0.015**
		(-0.43)		(-2.00)
Tender		-228.365		0.005
		(-2.06)		(0.06)

续表

变量	(1) Tobit	(2) Tobit	(3) Tobit	(4) Tobit
	MAvalue	MAvalue	MAproport	MAproport
PLI		-9.089		0.009
		(-0.13)		(0.19)
CompExp		0.480		-0.001*
		(0.44)		(-1.87)
Hightech		-14.457		-0.063
		(-0.24)		(-1.42)
Constant	664.449	-1601.491	1.761*	-3.501
	(0.91)	(-1.34)	(1.77)	(-0.20)
年份	Yes	Yes	Yes	Yes
行业	Yes	Yes	Yes	Yes
Observations	1805	1558	1817	1790
R贰	0.032	0.431	0.195	0.163

Robust t-statistics in parentheses

*** p<0.01, ** p<0.05, * p<0.1

三、稳健性检验

由于本章使用的是单个企业的跨国并购数据，如前所述，单个企业在单个国家一年内进行多次并购的情况极少，单个企业持续每年对同一个国家发起并购的情况也极少，属于重复多次出现数据，无法形成面板数据。因此，在翻阅大量文献后，认为进行平时趋势和安慰剂检验不太适合本章的数据情况，因此引入“一带一路”倡议和“上海合作组织”进行稳健性检验。

（一）“一带一路”倡议与中国企业跨国并购

“一带一路”倡议的提出得到了共建国家积极的响应，为加快推动合作进展，中国与相关国家签订“一带一路”备忘录，签订备忘录是基于双方响应和参与“一带一路”倡议，“一带一路”倡议本身应该具有推动双方合作、促进中国企业实施跨国并购的效果。因此，本章引入“一带一路”倡议对中国企业跨国并购的影响进行稳健性检验。考虑到“一带一路”倡议于2013年明确提出，借鉴吕越等（2019）的做法，本章建立标准双重差分模型（DID）考察“一带一路”倡议对中国企业海外并购的影响。其中Post为处理效应时期虚拟变量，由于“一带一路”倡议在2013年提出，故将2013年及之后年份的Post设定为1，之前的年份设定为0。Silk是处理组虚拟变量，表示东道国经济体是否为“一带一路”共建国家，如果是共建国家将该变量设定为1，否则为0。DID表示“一带一路”倡议提出后虚拟变量与处理组虚拟变量的交互项，也是双重差分法关注的核心变量。

表5-6的结果显示了“一带一路”倡议对中国企业跨国并购的影响。列（1）为单变量回归结果，显示“一带一路”倡议的系数显著为正（$p<0.10$），列（2）为控制其他影响因素后的回归结果，也显示“一带一路”倡议的系数显著为正（$p<0.10$），结果均表明“一带一路”倡议对中国企业跨国并购有显著正向影响，表明本章的研究结论是稳健的。

表5-6　“一带一路”倡议与中国企业跨国并购

变量	（1）	（2）
	MAvalue	MAvalue
DID	232.153*	217.936*
	（1.88）	（1.67）
Post	88.689	87.494
	（0.55）	（0.71）
Silk	−198.357	−205.424
	（−1.48）	（−1.53）
lnGDP		16.882
		（0.82）
GDPgrowth		29.235**
		（2.34）

续表

变量	(1)	(2)
	MAvalue	MAvalue
PGDP		0.003
		(1.16)
Resources		−22.760
		(−0.18)
Institutions		−180.383**
		(−2.40)
lnDistance		137.183***
		(3.24)
Rate		2.211
		(0.88)
Trade		−0.018
		(−1.42)
Diployears		0.361
		(0.50)
Related		0.553
		(0.06)
Tender		−428.795***
		(−4.30)
PLI		−43.223
		(−0.68)
CompExp		4.019***
		(4.14)
Hightech		−151.780***
		(−2.67)

续表

变量	（1）	（2）
	MAvalue	MAvalue
Constant		−1,340.505*
		（−1.85）
年份	Yes	Yes
行业	Yes	Yes
Observations	1638	1638
R2	0.048	0.051

Robust t−statistics in parentheses

*** p<0.01, ** p<0.05, * p<0.1

（二）上海合作组织与中国企业跨国并购

上海合作组织是中国发起成立的政府间国际合作组织，组织成员在平等伙伴关系基础上，通过联合行动，促进地区经济、社会、文化的全面均衡发展。根据《上海合作组织宪章》，上合组织的宗旨在于加强成员国间的相互信任和睦邻友好，除在安全领域打击“三股势力”和非法活动外，促进多领域的合作与发展，推动建立民主、公正、合理的国际政治经济新秩序。自2001年成立以来，经济合作是推动上合组织不断发展的最主要和最活跃的因素，也是对其成员国保持持久吸引力的最重要源泉（赵华胜，2005），并推动了区域内经济合作的快速发展，成员国之间贸易和投资快速增长（郭晓琼，2012）。“一带一路”倡议提出后，在2015年的上合组织峰会期间，各成员国就共建“一带一路”达成共识，标志着上合组织区域经济合作进入与“一带一路”建设融合发展的新阶段。截至2018年年底，上海合作组织共有8个成员国和4个观察国，观察国除不享有表决权外，可以获取上合组织会议的所有资料并提出建议，成为观察国也充分体现组织内成员高度的互信，因此本章引入上海合作组织成员国和观察国与中国企业跨国并购再次进行稳健性检验。

表5-7的结果显示了上海合作组织对中国企业跨国并购的影响。列（1）为单变量回归结果，显示上海合作组织的系数显著为正（$p<0.05$），列（2）为控制其他影响因素后的回归结果，也显示上海合作组织的系数显著为正

（p<0.10），表明中国企业在上海合作组织成员国和观察国进行跨国并购规模更大，也表明本章的研究结论是稳健的。

表5-7 上海合作组织与中国企业跨国并购

变量	（1）	（2）
	MAvalue	MAvalue
SH	124.000**	159.037*
	（2.00）	（1.72）
lnGDP		−3.493
		（−0.28）
GDPgrowth		5.295
		（0.63）
PGDP		0.003
		（1.54）
Resources		−48.432
		（−0.56）
Institutions		−107.460**
		（−2.24）
lnDistance		129.088***
		（4.03）
Rate		0.026
		（0.47）
Trade		−0.170
		（−0.43）
Diployears		0.841
		（0.60）
Related		−3.216
		（−0.49）

续表

变量	（1）	（2）
	MAvalue	MAvalue
Tender		−120.677**
		（−2.17）
PLI		36.906
		（1.00）
CompExp		1.326**
		（2.36）
Hightech		−102.301***
		（−3.16）
Constant	566.486	−484.180
	（1.21）	（−0.72）
年份	Yes	Yes
行业	Yes	Yes
Observations	1929	1631
R2	0.175	0.235

Robust t−statistics in parentheses

*** p<0.01, ** p<0.05, * p<0.1

四、异质性分析

（一）发达国家与发展中国家回归的异质性分析

表5–8显示了中国与发达东道国或发展中东道国签订"一带一路"备忘录对于中国企业在该国发起并购规模的不同影响。列（1）显示没有添加相关控制变量时对中国企业在发达国家跨国并购的影响，系数并不显著；列（3）显示添加一系列相关控制变量后对中国企业在发达国家跨国并购的影响，系数显著为正（p<0.10）；列（2）和列（4）分别显示在添加和不添加相关控制变量情形下，签订"一带一路"备忘录对中国企业在发达国家跨国并购的影

响，其系数均不显著。上述结果表明中国与东道国签订“一带一路”备忘录对于中国企业在发达国家并购规模有显著促进作用，而对中国企业在发展中国家并购规模无显著影响。经由 Chow 检验得到的经验 p 值证实了添加一系列相关控制变量后上述差异在统计上的差异性，在 10% 水平上显著。

表 5-8 发达国家与发展中国家回归的异质性分析

变量	(1)	(2)	(3)	(4)
	MAvalue	MAvalue	MAvalue	MAvalue
	(Developed)	(Developing)	(Developed)	(Developing)
Beltroad	20.257	-27.561	316.246*	238.104
	(0.22)	(-0.10)	(1.95)	(0.57)
lnGDP			-3.877	101.707
			(-0.13)	(1.31)
GDPgrowth			17.827	-10.435
			(0.81)	(-0.23)
PGDP			0.002	0.038
			(0.75)	(1.55)
Resources			-109.680	778.471
			(-0.59)	(1.13)
Institutions			7.142	-327.424
			(0.06)	(-0.90)
lnDistance			75.784	362.259
			(0.87)	(1.20)
Rate			-0.343	-0.006
			(-1.43)	(-0.20)
Trade			-0.706	-1.110
			(-0.85)	(-0.22)

续表

变量	(1)	(2)	(3)	(4)
	MAvalue	MAvalue	MAvalue	MAvalue
	(Developed)	(Developing)	(Developed)	(Developing)
Diployears			-4.114	15.109
			(-0.88)	(1.56)
Related			4.353	-63.339
			(0.38)	(-1.36)
Tender			-152.696	-1240.668***
			(-1.26)	(-2.65)
PLI			42.078	-509.278
			(0.59)	(-1.24)
CompExp			-0.119	3.148
			(-0.10)	(0.58)
Hightech			-10.785	-315.998
			(-0.18)	(-0.70)
Constant	718.643	-195.361	274.191	-5909.548
	(0.90)	(-0.15)	(0.19)	(-1.40)
年份	Yes	Yes	Yes	Yes
行业	Yes	Yes	Yes	Yes
Observations	531	976	444	858
经验 p 值	0.834		0.047**	

Robust t-statistics in parentheses

*** p<0.01, ** p<0.05, * p<0.1

（二）国有企业与民营企业的分组检验

如前文所述，国有企业作为我国社会主义市场主体，是国民经济的主导力量，与民营企业共同参与国际竞争。大型、特大型国有企业在雄厚实力的支撑下，成为中国实施跨国投资、对抗跨国公司的中流砥柱。张珺和韩玫

（2021）分析了2009—2019年十年间中国企业对"一带一路"共建国家的跨国并购数据，发现对敏感行业的并购成功率低于非敏感行业。"一带一路"国家以资源丰富的发展中国家居多，中国企业并购的对象大都是非敏感行业。李亚波（2018）利用Logit模型分析"一带一路"倡议对中国不同所有制身份的企业在跨国并购时的影响，发现由于中国国有企业的特殊身份，常受到东道国更为严格的审查，跨国并购的成功率显著低于民营企业，但"一带一路"倡议降低了中国国有企业在跨国并购时的"歧视效应"。通常，相比民营企业，国有企业对国家的方针政策的反馈和行动更为迅速，在体量、资金筹措等方面也更具优势，因此本章引入国有企业与民营企业进行异质性分析。

表5-9显示了中国与东道国签订"一带一路"备忘录对于中国国有企业和民营企业在该国发起并购规模的不同影响。列（1）显示没有添加相关控制变量时对国有企业跨国并购的影响，系数并不显著；列（3）显示添加相关控制变量后对国有企业跨国并购的影响，系数显著为正（$p<0.10$）；列（2）和列（4）分别显示在添加和不添加相关控制变量情形下，签订"一带一路"备忘录对民营企业跨国并购的影响，其系数均不显著。表明中国与东道国签订"一带一路"备忘录对中国的国有企业在该国并购规模有显著促进作用，而对民营企业在该国的并购规模无显著影响。经由Chow检验得到的经验p值证实了上述差异在统计上的差异性，均在1%水平上显著。

表5-9 国有企业与民营企业的分组检验

变量	（1）	（2）	（3）	（4）
	MAvalue	MAvalue	MAvalue	MAvalue
	（Gov）	（Priv）	（Gov）	（Priv）
Beltroad	255.879	27.032	867.779*	153.148
	（0.99）	（0.36）	（1.74）	（1.27）
lnGDP			125.064	26.666
			（1.36）	（0.96）
GDPgrowth			9.461	−1.784
			（0.20）	（−0.10）

续表

变量	(1)	(2)	(3)	(4)
	MAvalue	MAvalue	MAvalue	MAvalue
	(Gov)	(Priv)	(Gov)	(Priv)
PGDP			0.007	0.005
			(0.58)	(1.39)
Resources			549.775	-7.350
			(1.05)	(-0.04)
Institutions			-848.819***	-109.857
			(-2.96)	(-1.13)
lnDistance			285.714	106.529**
			(1.57)	(2.07)
Rate			-0.193	-0.000
			(-1.32)	(-0.01)
Trade			0.105	1.432*
			(0.04)	(1.89)
Diployears			7.233	0.391
			(0.76)	(0.13)
Related			-38.235	-0.778
			(-1.10)	(-0.07)
Tender			-283.897	-87.386
			(-0.96)	(-0.67)
PLI			115.476	-87.165
			(0.53)	(-0.91)
CompExp			-2.958	66.964**
			(-1.18)	(2.14)
Hightech			-100.287	33.916
			(-0.34)	(0.54)

续表

变量	（1） MAvalue （Gov）	（2） MAvalue （Priv）	（3） MAvalue （Gov）	（4） MAvalue （Priv）
Constant	-145.066	629.322	-6876.319*	-1400.773
	-0.12	（0.98）	（-1.91）	（-1.20）
年份	Yes	Yes	Yes	Yes
行业	Yes	Yes	Yes	Yes
Observations	531	976	444	858
经验 p 值	0.001***		0.000***	

Robust t-statistics in parentheses

*** p<0.01, ** p<0.05, * p<0.1

（三）高科技企业和传统企业的分组检验

如前所述，中国企业一方面通过跨国并购将传统行业的过剩产能转移出去，另一方面通过并购高科技企业获得战略性资源，实现企业的转型升级。“一带一路”共建国家以发展中国家居多，资源丰富但基础设施薄弱，并未实现工业化，并购传统企业是更理想的选择。并且，不论是发达国家还是发展中国家，对于外国企业并购本国高科技企业，都会有着更为严格的审批和限制。因此，本章引入并购高科技企业和传统企业进行异质性分析。

表5-10显示了中国与东道国签订“一带一路”备忘录对于中国企业并购高科技企业和传统企业的不同影响。列（1）和列（2）分别显示在添加和不添加相关控制变量情形下，签订“一带一路”备忘录对并购高科技企业的影响，系数均不显著，表明中国与东道国签订“一带一路”备忘录对于中国企业在该国并购高科技企业的规模无显著影响。列（3）显示不添加相关控制变量时，签订“一带一路”备忘录对并购传统企业的影响，系数并不显著，列（4）显示添加相关控制变量的影响后，签订“一带一路”备忘录对并购传统企业的影响，系数显著为正（p<0.10），表明中国与东道国签订“一带一路”备忘录对中国企业在该国并购传统企业的规模有显著促进作用。如前文所述，可能高科技行业作为保持国家竞争优势来源，东道国始终会出于

保护国家利益而对外资的并购进行限制，并不会基于双边关系变化而有重大改变。

但当采用被并购公司是否属于高科技公司进行分组时，虽然 Hightech 组的系数显著为负（$p<0.01$），Nohightec 组的系数不显著，但经验 p 值表明二者的差异并未达到10% 的水平，若仅通过比较两组的系数的显著性或系数大小进行推断得出上述结果可能比较武断。

表5-10 高科技企业和传统企业的分组检验

变量	（1） Tobit	（2） Tobit	（3） Tobit	（4） Tobit
	MAvalue	MAvalue	MAvalue	MAvalue
	（Hightech）	（Nohightec）	（Hightech）	（Nohightec）
Beltroad	22.454	-48.845	-102.698	353.425*
	（0.18）	（-0.40）	（-0.38）	（1.92）
lnGDP			-7.113	58.970
			（-0.11）	（1.56）
GDPgrowth			31.306	6.478
			（0.45）	（0.31）
PGDP			0.008	0.004
			（0.90）	（0.77）
Resources			-58.434	156.531
			（-0.11）	（0.70）
Institutions			-104.285	-329.033***
			（-0.35）	（-2.66）
lnDistance			-0.050	236.205***
			（-0.00）	（3.18）
Rate			0.001	-0.029
			（0.04）	（-1.58）

续表

变量	(1) Tobit	(2) Tobit	(3) Tobit	(4) Tobit
	MAvalue	MAvalue	MAvalue	MAvalue
	(Hightech)	(Nohightec)	(Hightech)	(Nohightec)
Trade			0.149	1.163
			(0.08)	(1.13)
Diployears			-2.213	5.721
			(-0.30)	(1.37)
Related			61.241**	-17.978
			(2.40)	(-1.12)
Tender			23.796	-281.230*
			(0.09)	(-1.79)
PLI			23.994	22.313
			(0.16)	(0.22)
CompExp			1.695	-1.080
			(0.93)	(-0.58)
Constant	23.762	678.714	111.148	-3,039.665*
	(0.04)	(0.72)	(0.05)	(-1.79)
年份	Yes	Yes	Yes	Yes
行业	Yes	Yes	Yes	Yes
Observations	407	1100	330	972
经验 p 值	0.837		0.999	

Robust t-statistics in parentheses

*** p<0.01, ** p<0.05, * p<0.1

五、机制分析

"一带一路"倡议作为对外交流的顶层设计，由高层领导设计并推动，备忘录的合作内容也是在双方高层领导多次沟通协商后达成一致，备忘录的签署为双方搭建了深化合作的桥梁，一方面需要双方政府的沟通交流以持续推进，另一方面在合作过程出现的各种问题也需要双方政府间高层进一步协商。同时，“一带一路”备忘录作为双方达成合作意向的契约，有利于双方在经济、贸易和文化等各领域进一步加强合作，在备忘录的框架下开展具体的合作事项，促进双方从官方到民间的沟通和交流。因此，本章从高层互访、贸易联系和文化商品三方面进行机制分析。

（一）基于高层互访的机制分析

国家高层领导人的出访通常带有特定的目的，高层领导人之间的沟通更有利于在涉及两国关切的一些问题时达成一致，这种互访可以更加密切两国之间的关系。领导人访问对中国企业跨国投资有着显著的促进效应，且中国领导人出访的促进效应大于东道国领导人来访的促进效应，且通过领导人的互访可以提升两国之间文化交流和民众好感度，间接产生长期的持续促进效应（闫雪凌、林建浩，2019）。因此，本章引入国家领导人的高层互访做机制分析。

本章参考张建红等（2012）和吕越等（2019）的研究，使用双边高级官员互访数量作为政策沟通的代理变量，建立模型：

$$Visit=\alpha_0+\alpha_1 Post+\alpha_n Controls+Year+Country+\varepsilon$$

高层互访数据主要从《中国外交》和外交部官网上手动搜集整理，为保证数据的全面性和准确性，通过对《新闻联播》公开报道的出访和来访信息进行核对。高层互访的数据样本期为2008年1月1日至2018年12月31日，包括中国领导人出访和外国领导人来访。表5-11显示东道国与中国签订“一带一路”备忘录对双方高层领导互访的影响。列（1）为模型的普通最小二乘回归结果，显示“一带一路”备忘录的系数显著为正（$p<0.01$），表明东道国与中国签订“一带一路”备忘录显著促进了双方高层领导的互访数量。列（2）为模型的Logit回归结果，显示“一带一路”备忘录的系数显著为正（$p<0.05$），表明东道国与中国签订“一带一路”备忘录显著提高了双方高层领导的互访可能性。

表5-11 高层互访的机制分析结果

变量	(1) OLS Visit	(2) Logit Visit
Post	0.143***	0.825**
	(2.73)	(2.52)
lnGDP	-0.022	0.139
	(-0.48)	(0.40)
lnPGDP	0.104*	0.018
	(1.67)	(0.04)
Resources	0.165*	0.644
	(1.89)	(1.04)
Tax	-0.000	-0.002
	(-0.45)	(-0.50)
GDPgrowth	0.001	0.007
	(0.66)	(0.65)
Institutions	0.115**	0.833
	(2.19)	(1.50)
Bit	0.110***	0.734
	(2.70)	(1.43)
Dipyears	0.010***	0.016
	(3.13)	(0.42)
Constant	-0.492	5.694
	(-0.54)	(1.44)
年份	Yes	Yes
国家	Yes	Yes
R-squared	0.064	
Observations	1,783	1,532

Robust t-statistics in parentheses

*** p<0.01, ** p<0.05, * p<0.1

（二）基于贸易联系的机制分析

在双方贸易往来和联系中，通常使用贸易密集度指数来衡量两国之间的贸易紧密程度，国际贸易和跨国投资之间具有高度相关性，国际贸易的迅速增长是吸引跨国投资的重要因素（焦军普，2005），企业通过贸易往来了解东道国的市场规模、经营环境等，在此基础上做出更为理性的并购决策，因此可以预期响应“一带一路”倡议并签订备忘录，在增加两国贸易的同时，也推动了企业的跨国并购。相关学者对“一带一路”倡议和贸易关系有初步的探索，李霞和廖泽芳（2021）以贸易密集度为关键变量，研究中国企业对海上丝绸之路共建国家的投资情况，发现中国企业对海上丝绸之路共建国家直接投资主要考虑的是市场容量和政治风险，双方的贸易密集度和劳动力成本对中国企业跨国投资有显著的抑制作用。王鹤静（2022）通过测算中国与“一带一路”共建国家的贸易密集度指数，发现中国与亚洲的“一带一路”共建国家的贸易往来更加密切，但受国际事件影响大，贸易往来的波动较大；而与欧洲的“一带一路”共建国家贸易密集度较低，但双方贸易往来更稳定。因此，本章使用WITS发布的贸易密集度指数衡量中国与“一带一路”国家之间贸易联系的紧密程度，进行机制分析：

$$Trade\_intensity = \alpha_0 + \alpha_1 Post + \alpha_n Controls + Year + Country + \varepsilon$$

表5-12显示东道国与中国签订“一带一路”备忘录对于两国之间贸易紧密度的影响。列（1）的“一带一路”备忘录的系数显著为正（$p<0.10$），表明东道国与中国签订“一带一路”备忘录促进两国的贸易紧密度。列（2）为签订“一带一路”备忘录对中国对东道国出口的影响，系数显著为正（$p<0.05$）。列（3）为签订“一带一路”备忘录对中国对东道国进口的影响，系数并不显著。总体来说东道国与中国签订“一带一路”备忘录使中国对东道国的出口更加紧密。

表5-12　贸易联系的机制分析结果

变量	（1）	（2）	（3）
	Trade_intensity	Export_intensity	Import_intensity
Post	0.132*	0.158**	−0.064
	（1.73）	（2.46）	（−1.08）

续表

变量	(1)	(2)	(3)
	Trade_intensity	Export_intensity	Import_intensity
lnGDP	0.015	-0.019	0.039
	(0.33)	(-0.37)	(0.44)
lnPGDP	-0.127	-0.026	-0.215
	(-1.24)	(-0.28)	(-1.26)
Resources	-0.090	-0.258**	0.076
	(-0.80)	(-2.09)	(0.40)
Tax	-0.001**	0.000	-0.003***
	(-2.57)	(0.61)	(-3.35)
GDPgrowth	0.000	-0.002	0.002
	(0.13)	(-1.15)	(0.67)
Institutions	0.162	0.250	0.072
	(1.05)	(1.49)	(0.31)
Bit	0.027	0.175	-0.124
	(0.15)	(1.24)	(-0.40)
Dipyears	-0.004	-0.021	0.014
	(-0.33)	(-1.36)	(0.97)
Constant	1.984	2.532*	1.554
	(1.49)	(1.86)	(0.64)
年份	Yes	Yes	Yes
国家	Yes	Yes	Yes
R-squared	0.021	0.029	0.021
Observations	1,561	1,562	1,561

Robust t-statistics in parentheses

*** p<0.01, ** p<0.05, * p<0.1

（三）基于文化商品的机制分析

随着互联网技术和数字技术的发展和普及，全球不同地域、国家和民族的文化交流日益蓬勃，文化产业的市场越来越大，文化贸易在世界贸易中的比重持续提升。文化商品不同于一般的货物贸易，更受到国家的政治影响力、经济实力和历史传统的影响，更能体现一个国家的软实力。文化商品也不同于一般的货物和服务，文化商品消耗的自然资源少，复制成本低，产生的附加值大，通常一个爆款的文化商品就可以带来高额的利润回报，并且由于文化商品的特殊属性，一国的文化商品通常蕴含着本国本民族的文化底色、民族精神和意识形态，在文化商品传播的同时也是对本国本民族的文化输出，文化商品的传播可以促进两国的文化交流，加深对彼此历史文化的了解，减少两国之间的文化距离。

中国是世界第一的制造业大国和货物出口国，随着中国经济对外交流的增多，更加注重对外的文化贸易，2014年国务院就印发《关于加快发展对外文化贸易的意见》，文化商品的出口也呈逐年递增的趋势。根据商务部数据显示，2021年中国文化商品进出口突破2000亿美元，其中文化产品进出口1558亿美元，文化服务进出口442亿美元，其中对“一带一路”共建国家在出版物、美术品和文化用品的出口增长较快。邓子璇（2019）研究了中国与“一带一路”共建国家文化贸易的情况，发现东南亚国家与我国的文化贸易最为密切，中东欧国家最为疏远，地理距离仍是影响文化贸易的重要因素，经济制度距离和共同语言对文化贸易呈正相关关系。“一带一路”备忘录的签署，不仅有利于两国之间的并购和商品服务贸易，也有利于两国人民的交往，促进文化商品的传播。因此，本章使用中国货物出口中的纯文化商品进行机制分析：

$$Culture\_goods = \alpha_0 + \alpha_1 Post + \alpha_n Controls + Year + Country + \varepsilon$$

表5-13显示了东道国与中国签订“一带一路”备忘录对两国文化商品的影响，表明了签订“一带一路”备忘录对中国与东道国人民互相增进了解的影响。列（1）显示签订“一带一路”备忘录对两国文化商品贸易的影响，系数显著为正（$p<0.10$），列（2）显示签订“一带一路”备忘录对中国向东道国出口文化商品的影响，系数显著为正（$p<0.10$），表明东道国与中国签订“一带一路”备忘录能够促进两国文化商品的贸易，通过文化商品潜移默化的影响，增进了两国人民之间的相互了解。

表5-13 文化交流的机制分析结果

变量	(1)	(2)
	Culture_goods	Export_culture_goods
Post	0.072*	0.047*
	(1.81)	(1.89)
lnGDP	0.196	0.162
	(1.59)	(1.29)
lnPGDP	0.310	0.417*
	(1.38)	(1.80)
Resources	−0.066	−0.105
	(−0.25)	(−0.40)
Tax	−0.004***	−0.004***
	(−4.04)	(−3.07)
GOPgrowth	−0.002	−0.001
	(−0.73)	(−0.60)
Institutions	0.236	0.217
	(0.94)	(0.88)
Bit	0.219	0.209
	(1.19)	(1.08)
Dipyears	−0.049*	−0.034
	(−1.69)	(−1.17)
Constant	8.931***	8.350***
	(3.23)	(3.05)
年份	Yes	Yes
国家	Yes	Yes
R-squared	0.358	0.355
Observations	1,553	1,552

Robust t−statistics in parentheses

*** p<0.01, ** p<0.05, * p<0.01

第六节　本章小结

“一带一路”倡议的提出不仅为新时期中国的外交活动提供了指引，也为中国企业的跨国并购提供了方向。中国政府明确表示“一带一路”倡议不是要建立一个联盟或者组织，是为愿意推动区域经济社会发展的国家打造的经济合作伙伴关系，因此，签署没有法律约束力的合作备忘录是签订国与中国在新时期政治互信的重要体现。“一带一路”倡议的提出不仅增进了中国与共建国家的政治互信，也推动了中国企业向共建国家的并购。“一带一路”备忘录的签订对中国企业在签订国的并购规模有显著的正向作用，提升了中国企业的并购成功率，降低了中国企业的并购溢价。

同时，本章对国有企业和民营企业、高科技企业和传统企业的跨国并购进行了区分考察，发现中国与东道国签订“一带一路”备忘录更有利于中国的国有企业和高科技企业的跨国并购。

最后，本章引入中国与东道国的高层互访、贸易紧密度、文化商品出口等进行机制性分析，发现“一带一路”备忘录签署后，双方官员的互访量显著增加，促进友好的关系，更加强化了双方的政治互信；同时，中国与签订国之间的贸易往来也更加频繁，贸易联系更加紧密；文化产业作为国家软实力的重要体现，在签署备忘录后中国的文化商品的出口也显著增长，有利于东道国人民加深对中国的了解，增加了两国之间的友好和互信。

第六章

留学教育与中国企业跨国并购

第一节　引言

政治互信很重要的基础是培养和建立感情偏好，国家间的交往主要出于经济利益，但始终不得不考虑本国人民的朴素情感。作为当今世界唯一的超级大国，美国不仅在经济、科技和军事等硬核领域展现其实力，也通过影视、文艺、留学教育等多种形式宣扬其价值观，培养和建立其他国家人民对美国的感情偏好，以致长期被视为“灯塔国”。教育是塑造个人的人生观、价值观最深刻的方式，也是奠定个人和群体思维模式的重要途径。美国作为全球留学教育规模最大的目的国，留学教育为其培育政治互信发挥了重要作用，美国负责教育事务的助理国务卿 Mariel Royce（2018）曾表示，在美国与美国人一起学习的留学生是美国的巨大资产，美国需要培养各个领域能够应对艰难挑战的领导人，国际教育使美国变得更加强大。美国国际教育协会主席 Allan Goodman（2018）也曾说过，通过国际教育拓展留学机会帮助美国在世界范围内建立更为强大的纽带，美国院校在为留学生学术、专业和个人事业方面做出的贡献是美国国际竞争力的主要构成因素。因而，留学教育具有很好的政治外交功能，留学生通常是一国未来的社会精英，其回国后往往成为各行各业的栋梁之材，甚至成为国家领导人，如埃塞俄比亚前总统穆拉图、哈萨克斯坦前总理马西莫夫、纳米比亚首任总统努乔马、坦桑尼亚总统阿费沃基等，他们留学中国的经历和对中国的理解，很大程度上了影响该国对华的政策。留学教育也具有很好的文化交流功能，通过在华的学习生活，留学生真切感受到中国经济社会的突飞猛进和和平发展的真诚友好，改变和加深对中国形象的认知，提升对中国的认同和好感，推动其母国与中国的友好外交。通过留学生教育，让外国学生喜欢中国文化，培养大量的“知华派”和“亲华派”，让他们成为中国国家形象的宣传员，搭建其母国与中国政治互信的桥梁。

留学教育是提升中国文化软实力的重要途径，来华留学生教育的重要目标是培养知华、友华的高素质来华留学生和优秀的中外文化交流使者，通过留学生对中国文化的认同感和归属感来提升中国的文化软实力（赵宏、张晶，2017）。外国人对中国的认知很大程度受到大众媒体和对中国刻板印象的影响，缺少鲜活直观的了解，留学中国的经历让他们有与中国进行深度接触的机会。留学的经历对塑造留学生的人生观、价值观具有深刻的影响，对提升中国的文化软实力具有重要意义，不仅能推动中国教育国际化水平，也能让留学生获得对中国政治、经济和文化的亲身体验，增加对中国文化的理解，从而增进双方的互信。

本书前述从三个维度搭建了政治互信的研究框架，一是从双方形成和强化长期往来的信誉机制，即中国与其他国家建交的历史友好关系；二是从双方形成或具有某种契约关系，即当前双方在响应和参与“一带一路”建设等国际事务的友好互信；三是从双方培育和建立的感情偏好，即面向未来以留学教育提升文化软实力培育政治互信。本章从第三个维度“双方培育和建立的感情偏好”，即面向未来以留学生教育提升文化软实力培育政治互信，来分析政治互信对跨国并购的影响。

第二节　文献综述

一、来华留学生现状回顾

新中国成立初期，中国留学生教育的主要目的是履行政治外交义务，为友好国家培养人才，加强与社会主义国家的友好关系（魏礼庆，2015）。改革开放后，中国培养留学生以服务于中国的现代化建设，开始接受发达国家的留学生。近年来，中国政府日益重视吸引世界各国学生来华留学。2010年，中国政府推出“留学中国计划”，力争使我国到2020年成为亚洲最大的留学目的地国家。在中国提出“一带一路”倡议后，教育部制定了《推进“一带一路”教育行动》，明确今后一段时间将把中国打造成为深受共建国家欢迎的留学目的地国。现阶段，扩大留学生规模、提升留学生质量成为我国留学生教育的重点发展方向。我国的留学生教育也迎来了快速发展的黄金时期，根据教育部统计，来华留学生从2009年的近24万人增加到2018年的49万余人，数量增长了近一倍。

从来华留学生的统计情况来看，具有以下几个特点：一是学历留学生多于非学历留学生，截至2018年来华留学生共492185名，其中学历留学生258122名，占来华留学生总人数的52.4%，非学历来华留学生234063名，占总人数的47.6%。二是来华留学生生源地主要集中于我国周边国家，2018年来华留学生来自196个国家和地区，留学生人数排名前十的依次是韩国、泰国、巴基斯坦、印度、美国、俄罗斯、印度尼西亚、老挝、日本、哈萨克斯坦，除泰国和美国外，其他都是与我国领土或领海相邻的国家。三是来华留学生主要以本科基础阶段学习为主，2018年学历来华留学生中，专科生12277名，占4.8%，本科生160783名，占62.3%，硕士生59444名，占23.0%，博士生25618名，占9.9%，本科阶段的留学生占据明显多数。四是专业选择上以语言学习为主，2018年来华留学生超过5000名的专业有12个，其中汉语言专业的留学生占来华留学生总数的37.7%。

中国不断扩大来华留学生规模，提升来华留学生质量。来华留学生的热潮，一方面可以为世界各国，特别是为贫困落后的发展中国家培养人才，为人类社会的进步贡献中国力量，另一方面可以让世界各国人民更加深刻认识和了解中国，通过来华留学生的培养，加强中国与世界各国的交流与联系，增进两国的政治互信。

二、相关研究回顾

留学教育的重要性越来越受到学者和公众的关注，伴随全球化和信息化的发展，留学教育不仅涉及国家政治、经济和文化利益，也涉及对人才资源的竞争。留学教育可以对国际关系产生巨大的影响，对接受国高等教育的国际化产生巨大的影响，同时还给接受国带来直接和间接的经济利益（徐海宁，2001）。除经济利益外，留学教育可以有效提升国家形象，是进行外交政策投资的一种形式，有助于国家的文化、外交与政治利益的实现（李立国等，2010）。留学教育被许多国家视为提升教育质量和促进文化交流的重要途径，留学生的数量和质量被视为衡量一个国家教育，特别是高等教育国际化水平的重要标志（王英杰等，2020）。许多国家和高校采取多种措施来吸引留学生，将增加的留学生数量作为高等教育质量提升的有效途径。并且，世界上资源和精英聚集的高校比一般高校能吸引更多的留学生（Kermu, 2005），许多高校主动宣传可以提供的课程和教育服务，以从全世界吸引最优秀的国际学生。

留学生教育不仅是衡量高等教育国际化和教育发展水平的重要指标，还能够推动建设世界“一流大学”和“一流学科”，也能够在促进文化的多元化、推动国际贸易、改善外交关系、增加国家软实力方面发挥重要作用（宋华盛、刘莉，2014）。其不仅对国家教育发展战略的制定和执行有重大的影响，也关系到国家利益的实现与宏观政策推行的效果。留学生教育是相互关联的经济、社会、政治因素所带来的国际交流的一部分，也是全球经济、社会和治理情况的综合反映（赵中建，2003）。同时，留学生教育是提升国家形象的有效方式，也是进行外交政策投资的一种形式，有助于国家的文化、外交与政治利益的实现（李立国等，2010）。因此，在招收留学生时，不仅要关注国际友谊的交流，同时也要关注留学生教育对经济的推动作用，既要有政治效应，也要有经济效益（谭敏达，2016），通过外国留学生与其留学目的国之间建立的密切联系，可以帮助留学生接受国的企业到留学生来源国进行投资（Kermu, 2005）。

留学生能够为两国的经贸往来搭建桥梁，通过加强经贸信息的沟通，降低交易成本，从而推动两国经贸往来。留学生在其接受国和母国之间，不仅可以增加很多经济贸易的直接机会，还可以通过回国后的间接联系加大两国间的经贸往来（Felbermatyr, 2010）。Marina Murat（2014）通过英国的留学生教育和出口的关系，发现留学生的增加能够促进出口贸易，留学生人数每增加1%，出口贸易额增加0.4%。在增加两国经贸往来的同时，留学生教育也可以促进对外投资，岳敏（2018）研究发现来华留学生规模与中国企业跨国投资之间呈正相关，但这种促进作用要滞后两年。谷媛媛（2017）研究了“一带一路"国家来华留学生对中国企业对外投资的影响，发现虽然仍受两国之间的距离影响，但来华留学生对中国企业对外投资有显著促进作用。

留学教育是一个国家教育对外开放和交流的重要形式，通过留学教育，增加两国人民的了解，增进彼此之间的互信，成为新时期国家提升国际影响力、争取国际话语权和推行国家宏观政策的重要方式。

第三节　理论分析与研究假设

留学生教育有助于增加两国人民的了解，增进两国间的政治互信，促进中国企业对东道国的跨国并购，本章以国家形象理论和重复博弈理论进行理论分析，提出研究假设。

国家形象理论认为国家形象是一个涵盖物质、制度和观念三个层面的复合型集体想象，从最早的马可波罗把中国描绘成一个遍地黄金的国家，到意大利传教士利玛窦向西方描述中国是一个勤劳善良、美丽富足、秩序井然的国度，再到英国马戈尔尼使团拜访乾隆皇帝，向西方传递了一个停滞、愚昧而腐败的王朝，自鸦片战争到新中国成立，中国在西方的心中始终是一个羸弱而腐败的国家，中国的国家形象从乌托邦的想象逐渐负面化，也是西方确立全球主导权的过程。新中国成立后，中国逐步实现工业化，以美国为首的西方国家不时提出"中国威胁论"或"中国崩溃论"。随着改革开放后中国综合国力持续增强，从物质层面上讲，经济的快速发展吸引了越来越多的留学生；在制度层面上讲，留学生来华后对中国的政治制度、发展道路、安全稳定等有更多认识；在观念层面上讲，留学生对中国人民的精神风貌、文明素养、悠久文化等的切身体会，逐步刻画出变化中的中国形象。

从博弈理论角度看，国家并不是虚构的组织，而是由有鲜活血肉、有趣灵魂的个人所组成的共同体，国家参与国际交往的过程，除获得切实的经济利益外，不得不考虑本国人民朴素的情感，反映本国人民的情感诉求。研究者们对重复博弈的研究发现，参与者的偏好对博弈结果有显著影响，国际上很多经济往来是以非经济关系为起点，对正式制度形成的经济关系起到补充作用，民众与国家的感情偏好对政治互信的建立具有重要的作用。

（一）来华留学生规模与中国企业跨国并购

如前所述，来华留学是留学生的重要人生经历，能够加深其对中国政治、经济、文化和历史等的认识，来华留学生通过在中国的学习体验，有助于培养对中国的认同和好感，这种与中国的感情建立和维系，会使留学生今后的决策中特别是政治立场上倾向于中国（郭玉贵，2012），有助于增加两国之间的往来，增进两国之间的政治互信。这种留学经历对中国形象的良好感观，还可以使留学生在毕业后转化为国际资源，巩雪和熊峰（2018）研究来华留学生与对外投资的关系，发现来华留学生是良好的国际资源，来华留学生在华期间通过学习和交往建立的友谊和信任，在毕业之后演化为职业和商业互动形成的社会网络，能够促进我国的对外投资。同时，留学教育可以增加留学生接受国和母国之间的信息传递，在投资中降低交易成本，有助于破除贸易壁垒（Combes, 2005）。本部分以来华留学生数量来衡量东道国对中国的了解，来华留学生人数越多，其更可能了解中国、读懂中国，因此更可能在回国后影响该国从政策决策到民间往来与中国的友好交往，可能有利于中国企业在该国的跨国并购。

另一方面，由于西方自由民主的普世价值观的盛行，影响了留学生对中国政治形象的评价，特别是对于资本主义实行全民普选国家的留学生，虽对中国取得的巨大经济成就表示赞叹，但对中国的民主自由表示不满（叶淑兰，2020），受刻板印象的影响，留学生来华后比较认同中国社会的稳定和经济发展，但对中国的言论自由和政治民主的看法比较负面，特别是欧美等西方国家的留学生，来华亲身感受后认为中国政治民主化程度低。此外，来华留学生录取门槛低和生源质量不佳，一直是来华留学生教育质量问题的根源所在（蔡宗模等，2019），优质的生源主要流向了西方发达国家和本国名校，来华留学的学生成绩一般属于中下水平，这些留学生来华留学存在较多的镀金现象（陆德阳，2013），缺少对中国政治、经济和文化的深入了解，更难以改变对中国的刻板印象。

因此，本章提出两个竞争性假设：

假设 H1a：来华留学生规模扩大能够促进中国企业的跨国并购。

假设 H1b：来华留学生规模扩大抑制了中国企业的跨国并购。

2. 中国政府奖学金与中国企业跨国并购

中国政府奖学金是中国政府表彰来华留学生的优异成绩而设立的奖学金，旨在吸引优秀的留学生来华学习和交流，对调整来华留学生结构、提高留学生质量发挥了重要作用。Arnaz Binsardi 和 Frances Ekwulugoyanjiu（2003）研究发现，设立留学奖学金是除降低学费以外最吸引留学生的方式，尤其是吸引高层次留学生的有效措施。中国政府奖学金可以通过引导留学生的选择，在增加来华留学生的规模的同时，起到调节来华留学生结构的作用（李冰、黄文杰，2020）。学历留学生的整体生源质量远高于非学历留学生，中国政府奖学金的绝大部分都授予了学历留学生，这是吸引优秀人才来华学习的重要方式（王英杰、刘宝存，2020）。优秀的留学生更可能基于在中国的学习和深入了解而做出自身客观的判断，减少其母国对中国在言论自由和政治民主等方面负面宣传所形成的刻板印象。我国政府对留学生教育高度重视，不断扩大奖学金留学生人数，2018年中国政府奖学金人数62941人，占来华留学生人数的12.8%，相比2009年的18245人，增加了3.5倍。本章采用东道国获得中国政府奖学金的学生占该国来华留学生总人数的比例来衡量该国派遣来华留学生团体的质量。因此，提出假设 H2。

假设 H2：派遣来华留学生群体越优秀，即东道国获奖留学生占来华留学生比重越高，对中国企业在东道国的并购越有利。

第四节　实证分析

一、数据样本

本书的中国企业跨国并购数据主要来源于汤姆森（Thomson）数据库，以2008—2018年作为样本区间，选取中国企业跨国并购事件作为初始研究样本。对于初始研究样本，我们进行了如下处理：（1）剔除了中国企业跨国并购金额数据缺失的样本。（2）剔除了计算相关变量所需数据缺失的样本。经过处理后，本书共得到1940个公司并购观测值。

二、变量与数据说明

（一）被解释变量

本章分别从并购成功率、并购溢价、并购规模等三方面来考察留学生教育对中国企业跨国并购的影响。因此，本章的被解释变量有：（1）Complete 为中国企业在东道国发起的并购是否成功，是则取1，否则取0；（2）Prem 为中国企业在东道国实施并购所产生的溢价，参考钟宁桦（2019）具体分为三期，第一期为并购价格与目标企业在并购公告宣布前一天股票价格的差额，第二期为并购价格与目标企业在并购公告宣布前一周股票价格的差额，第三期为并购价格与目标企业在并购公告宣布前四周股票价格的差额；（3）MAvalue 为中国企业在东道国进行单次并购支付的金额。参考钟宁桦（2019）并结合本章的数据情况，即单个企业在单个国家一年内进行多次并购的情况极少，且单个企业持续每年对同一个国家发起并购的情况也极少，因此使用中国企业在东道国进行单次并购支付的金额作为被解释变量；MAproport 为中国企业在东道国进行单次并购支付的金额占该年度东道国获得外商投资直接总额的比重。外商直接投资主要包括绿地投资和跨国并购，中国企业并购的金额占东道国获得外商直接投资总额的比重整体呈现中国企业在东道国的并购规模。

（二）解释变量

本章的解释变量有两个：（1）东道国在并购当年的来华留学生人数；（2）东道国获得中国政府奖学金的学生占该国来华留学生总人数的比例。数据均来自教育部的《来华留学生简明统计》。

（三）控制变量

在跨国并购中，区位优势对企业在选择并购对象时有着极大的影响，这种区位优势主要来自东道国自身的情况，本章参考刘晓光和杨连星（2016）、闫雪凌和林建浩（2019）、杨连星（2021）的研究，控制了东道国国家层面和其他一些相关的变量：

国内生产总值增速（GDPgrowth）。用以衡量东道国经济发展速度，数据来源于世界银行数据库，以2005年不变价美元为单位。

国内生产总值 GDP 的自然对数（lnGDP）。GDP 代表一个国家的经济体量和投资消费的整体实力，本章选取国内生产总值来衡量东道国的市场规模，在计算时未扣除资产折旧或自然资源损耗和退化，数据来源于世界银行数据库，以2005年不变价美元为单位。

汇率（Rate）。按照国际货币基金组织统计的东道国货币相对于人民币的年度平均汇率。

贸易开放度（Trade）。贸易开放度以东道国贸易总额占其GDP的比重来衡量，比重越高说明其对外开放的程度越高，数据来源于联合国商品贸易统计数据库。

人均国内生产总值（PGDP）。通常代表一个国家的劳动力成本和工资水平，可以衡量东道国的经济发展水平，本章使用东道国的人均GDP来度量其经济发展水平，数据来源于世界银行数据库。

自然资源禀赋（Resources）。指东道国资源丰裕度，本章用世界贸易组织统计的东道国的矿物燃料、矿石和金属占商品出口的百分比来度量该国自然资源的丰裕程度（Buckley et al., 2007; Kolstad et al., 2012），数据来源于世界银行数据库。

税负水平（Tax）。本章使用了东道国企业总体税率，总税率衡量的是企业在扣除允许的扣除额和免税额后，按应占商业利润的比例缴纳的税款和强制性供款额，不包括预扣税（例如个人所得税）或收取并汇给税务机关的税（例如增值税、营业税或商品和服务税）（闫雪凌、林建浩，2019），数据来源于世界银行数据库。

制度质量（Institutions）。通常东道国的制度质量越高，企业在跨国并购时的预期越稳定，寻租等成本越低，并购的环境也越安全，本章选取世界银行全球治理指标（WGI）的6个制度因素（王永钦 等，2014），并取平均数来衡量东道国总体制度水平。

行业关联度（Rlated）。表示并购方与被并购方行业关联度，参考钟宁桦等（2019），当双方SIC四位码相同时取值6，只有前三位码相同时取4，仅前两位码相同时取2，否则取0。

Tender。表示并购方发起的该笔并购是否为要约收购，是为1，否则为0，数据来源于汤姆森SDC Platium全球并购数据库、ZEPHYR全球并购交易分析库和国泰君安CSMAR研究数据库，并根据三个数据库的信息进行补充整理。

PLI。表示并购方在并购宣告前三年是否并购过被并购方所在国企业，是为1，否则为0，数据主要来源于汤姆森SDC Platium全球并购数据库，并结合

ZEPHYR 全球并购交易分析库和国泰君安 CSMAR 研究数据库的信息进行补充整理。

CompExp。表示并购方在并购宣告前已完成跨国并购数量，用以衡量并购方具有的并购经验，数据来源于汤姆森 SDC Platium 全球并购数据库、ZEPHYR 全球并购交易分析库和国泰君安 CSMAR 研究数据库，并根据三个数据库的信息进行补充整理。

三、模型与回归方法

对于竞争性假设 H1：

“假设 H1a：来华留学生规模扩大能够促进中国企业跨国并购。”

“假设 H1b：来华留学生规模扩大降低中国企业跨国并购。”

本章参考刘晓光和杨连星（2016）、闫雪凌和林建浩（2019）、杨连星（2021）的研究，建立模型 1：

$$
\begin{aligned}
MA= & \beta_0+\beta_1 Student+\beta_2 GDPgrowth+\beta_3 GDP+\beta_4 Rate+\beta_5 Trade \\
& +\beta_6 PGDP+\beta_7 Resources+\beta_8 Tax+\beta_9 Institutions \\
& +\beta_{10} Rlated+\beta_{11} Tender+\beta_{12} PLI+\beta_{13} CompExp+Year \\
& +Ind+\varepsilon
\end{aligned}
$$

对于“假设 H2：派遣来华留学生群体越优秀，即东道国获奖留学生占来华留学生比重越高，对中国企业在东道国的并购越有利”。本文仍参考了刘晓光和杨连星（2016）、闫雪凌和林建浩（2019）、杨连星（2021）的研究，建立模型 2：

$$
\begin{aligned}
MA= & \beta_0+\beta_1 Scholarship+\beta_2 GDPgrowth+\beta_3 GDP+\beta_4 Rate+\beta_5 Trade \\
& +\beta_6 PGDP+\beta_7 Resources+\beta_8 Tax+\beta_9 Institutions \\
& +\beta_{10} Rlated+\beta_{11} Tender+\beta_{12} PLI+\beta_{13} CompExp+Year \\
& +Ind+\varepsilon
\end{aligned}
$$

第五节 实证结果

一、描述性统计

表6-1为检验来华留学生对中国企业跨国并购的影响的模型中各变量的描述性统计结果。其中中国企业跨国并购支付金额的均值为218.10百万美元，并购完成率仅为67.3%，相比钟宁桦等（2019）研究1991—2015年中国企业跨国并购统计的57.8%完成率有所提高。中国企业跨国并购溢价（并购价格与并购公告宣布前一天、前一周、前四周的差额）分别为每股35.7美元、41美元和45.4美元。并购前一天、前一周和前四周的溢价水平呈递增趋势，可能是因为并购日期的临近，有关并购的信息被释放并被视为利好信息，促使投资者买入提升了股价。而中国企业跨国并购标的企业的东道国来华留学生的人数的对数均值为8.58，中国企业跨国并购标的企业的东道国获得中国政府奖学金的学生占该国来华留学生总人数的比例的均值为63%。

表6-1 描述性统计

变量	样本量	平均值	标准差	最小值	最大值
MAvalue	1940	218.10	463.256	0.361	2070.027
MAproport	1939	0.152	5.118	−135.425	163.806
Complete	1940	0.673	0.469	0	1
Prem1	352	35.70	200.792	−99.9	3123.68
Prem2	355	40.99	209.39	−99.9	3210.81
Prem3	353	45.44	194.072	−96	3041.03
Scholarship	1884	0.063	0.056	0.018	0.277
Student	1884	8.58	1.343	5.366	11.05
GDPgrowth	1706	2.124	1.974	−3.26	6.71

续表

变量	样本量	平均值	标准差	最小值	最大值
lnGDP	1940	27.786	1.934	22.504	30.601
Rate	1940	109.899	340.372	0	1464.418
Trade	1940	57.705	49.15	19.308	210.606
PGDP	1940	40910.21	19703.46	1356.668	68150.11
Resources	1879	0.226	0.209	0.026	0.679
Tax	1739	40.762	12.457	19.9	67.6
Institutions	1899	1.07	0.671	–0.676	1.739
Related	1940	1.757	2.516	0	6
Tender	1940	0.942	0.233	0	1
PLI	1940	0.201	0.401	0	1
CompExp	1940	8.89	30.295	0	179

二、基本回归

（一）来华留学教育与中国企业跨国并购成功率

表6–2显示东道国来华留学生数量与中国企业在该国并购项目成功率的关系。列（1）为当期的回归结果，显示东道国来华留学生规模越大，中国企业在该国并购成功率越低。留学生在中国求学，通常需要一到两年时间了解中国经济、政治、文化和社会等各方面情况，并在以后的时间逐渐对中国的形象有更多的认识，因此其中国求学经历对两国之间增加了解和增进政治互信具有滞后效应，列（2）、列（3）、列（4）和列（5）分别显示了自变量滞后一期（1年）、滞后两期（2年）、滞后三期（3年）和滞后四期（4年）的回归结果。列（2）、列（4）和列（5）结果显示来华留学规模的系数均显著为负。结果表明留学生规模扩大显著降低了中国企业在东道国并购的成功率。

表6-2 来华留学生数量与中国企业跨国并购成功率

变量	Logit (1)	Logit (2)	Logit (3)	Logit (4)	Logit (5)
	Complete	Complete	Complete	Complete	Complete
Student	-0.002*	-0.002*	-0.002	-0.002*	-0.002**
	(-1.73)	(-1.94)	(-1.63)	(-1.90)	(-2.16)
GDPgrowth	0.021	0.029	0.026	0.028	0.033
	(0.43)	(0.59)	(0.53)	(0.58)	(0.68)
lnGDP	-0.005	0.008	-0.021	0.010	0.038
	(-0.04)	(0.07)	(-0.17)	(0.08)	(0.31)
Rate	0.000	0.000	0.000	0.000	0.000
	(0.39)	(0.53)	(0.35)	(0.57)	(0.76)
Trade	-0.000	-0.000	-0.001	-0.000	-0.000
	(-0.19)	(-0.18)	(-0.30)	(-0.18)	(-0.06)
PGDP	-0.001	-0.001	-0.001	-0.001	-0.001
	(-1.38)	(-1.43)	(-1.39)	(-1.38)	(-1.37)
Resources	-1.044**	-1.081**	-1.126**	-1.096**	-1.079**
	(-2.24)	(-2.33)	(-2.44)	(-2.37)	(-2.34)
Tax	0.017**	0.017**	0.017**	0.017**	0.017**
	(2.20)	(2.29)	(2.31)	(2.28)	(2.27)
Institutions	0.541**	0.573**	0.582**	0.573**	0.575**
	(2.10)	(2.23)	(2.27)	(2.23)	(2.25)
Related	-0.026	-0.025	-0.025	-0.025	-0.024
	(-0.83)	(-0.79)	(-0.82)	(-0.80)	(-0.77)
Tender	0.151	0.155	0.153	0.158	0.152
	(0.49)	(0.50)	(0.49)	(0.51)	(0.49)

续表

变量	Logit (1)	Logit (2)	Logit (3)	Logit (4)	Logit (5)
	Complete	Complete	Complete	Complete	Complete
PLI	0.056	0.059	0.054	0.060	0.063
	(0.28)	(0.30)	(0.27)	(0.30)	(0.32)
CompExp	0.014***	0.014***	0.014***	0.014***	0.014***
	(3.13)	(3.12)	(3.13)	(3.12)	(3.11)
Constant	2.388	2.025	2.526	1.871	1.185
	(0.83)	(0.69)	(0.86)	(0.63)	(0.39)
年份	Yes	Yes	Yes	Yes	Yes
行业	Yes	Yes	Yes	Yes	Yes
Observations	1,100	1,105	1,105	1,105	1,105

Robust t-statistics in parentheses

*** p<0.01, ** p<0.05, * p<0.1

表6–3显示了来华留学生获得中国政府奖学金与中国企业在该国并购成功率的回归结果。列（1）为当期的回归结果，显示来华留学生获得中国政府奖学金的系数显著为正（p<0.1），表明在当期东道国来华留学生获得中国政府奖学金占该年度该国来华留学生总人数的比例越高，中国企业在该国并购成功率越高。但考虑留学生在中国求学期间需要时间了解中国经济、政治、文化和社会等各方面情况，因此对两国之间增加了解和增进政治互信具有滞后性，列（2）、列（3）、列（4）和列（5）分别显示了自变量滞后一期（1年）、滞后两期（2年）、滞后三期（3年）和滞后四期（4年）的回归结果，显示均不显著。表明东道国来华留学生获得奖学金对中国企业在该国并购成功率在当期有显著影响，但考虑滞后效应，则获中国政府奖学金对中国企业跨国并购没有显著影响，既没有显著的抑制作用，也没有显著的促进作用。可能并购规模的扩大使得并购成功率没有得到显著提升，因此将结合后文的并购溢价和并购规模做进一步分析。

表6-3 中国政府奖学金与中国企业跨国并购成功率

变量	Logit (1)	Logit (2)	Logit (3)	Logit (4)	Logit (5)
	Complete	Complete	Complete	Complete	Complete
Scholarship	0.081*	0.057	0.054	0.033	0.032
	(1.94)	(1.37)	(1.29)	(0.73)	(0.77)
GDPgrowth	−0.126	−0.116	−0.108	−0.115	−0.105
	(−1.16)	(−1.06)	(−0.99)	(−1.06)	(−0.94)
lnGDP	0.423**	0.405**	0.412**	0.393*	0.406**
	(2.16)	(2.06)	(2.08)	(1.95)	(1.97)
Rate	−0.001	−0.001	−0.001	−0.001	−0.001
	(−0.94)	(−0.93)	(−0.93)	(−0.89)	(−0.91)
Trade	0.006	0.005	0.005	0.005	0.005
	(1.17)	(1.04)	(1.03)	(0.94)	(0.94)
PGDP	−0.000*	−0.000*	−0.000*	−0.000*	−0.000*
	(−1.79)	(−1.77)	(−1.70)	(−1.74)	(−1.74)
Resources	2.247**	2.042*	2.000*	2.006*	1.976*
	(2.09)	(1.91)	(1.87)	(1.87)	(1.85)
Tax	−0.003	−0.002	−0.003	−0.005	−0.005
	(−0.17)	(−0.13)	(−0.18)	(−0.27)	(−0.27)
Institutions	0.619	0.528	0.477	0.404	0.402
	(0.96)	(0.82)	(0.75)	(0.64)	(0.64)
Related	−0.005	−0.007	−0.007	−0.009	−0.009
	(−0.08)	(−0.12)	(−0.11)	(−0.14)	(−0.15)
Tender	1.836***	1.757***	1.754***	1.748***	1.746***
	(2.98)	(2.88)	(2.87)	(2.88)	(2.87)

续表

变量	Logit (1)	Logit (2)	Logit (3)	Logit (4)	Logit (5)
	Complete	Complete	Complete	Complete	Complete
PLI	-0.016	0.006	0.007	0.002	0.004
	(-0.05)	(0.02)	(0.02)	(0.00)	(0.01)
CompExp	-0.004	-0.004	-0.004	-0.003	-0.004
	(-0.52)	(-0.52)	(-0.53)	(-0.47)	(-0.49)
Constant	-14.073**	-13.323**	-13.522**	-12.668**	-13.032**
	(-2.39)	(-2.25)	(-2.25)	(-2.07)	(-2.08)
年份	Yes	Yes	Yes	Yes	Yes
行业	Yes	Yes	Yes	Yes	Yes
Observations	391	391	391	391	391

Robust t-statistics in parentheses

*** p<0.01, ** p<0.05, * p<0.1

（二）来华留学生数量与中国企业跨国并购溢价

表6-4为东道国来华留学生数量与中国企业在该国并购溢价的回归结果，因变量为并购价格与目标企业在并购公告宣布前一天股票价格的差额，列（1）为当期的回归结果，显示东道国来华留学生规模的系数显著为正（p<0.01），表示东道国来华留学生规模越大，中国企业在该国并购将付出更高溢价。同样考虑留学生在中国求学期间，通常需要一到两年时间了解中国经济、政治、文化和社会等各方面情况，并在以后的时间逐渐对中国的形象有更多的认识，因此在中国求学经历对两国之间增加了解和增进政治互信具有滞后效应，列（2）、列（3）、列（4）和列（5）分别显示了自变量滞后一期（1年）、滞后两期（2年）、滞后三期（3年）和滞后四期（4年）的回归结果，结果显示来华留学规模的系数依然显著为正（p<0.01），表明来华留学生规模越大，中国企业在该国并购将付出越高的并购溢价。

表6-4 来华留学生数量与中国企业跨国并购溢价（前一天股价）

变量	Tobit（1）	Tobit（2）	Tobit（3）	Tobit（4）	Tobit（5）
	Prem1	Prem1	Prem1	Prem1	Prem1
Student	10.419***	12.414***	7.510***	6.546***	6.734***
	（9.07）	（12.66）	（7.67）	（7.44）	（6.78）
GDPgrowth	26.627**	−42.494***	−10.838	14.574	−23.315*
	（2.07）	（−3.55）	（−0.83）	（1.11）	（−1.70）
lnGDP	147.191	54.164	335.849***	350.781***	205.352*
	（1.42）	（0.57）	（3.29）	（3.43）	（1.89）
Rate	2.897*	5.255***	6.328***	5.078***	3.864**
	（1.71）	（3.40）	（3.58）	（2.89）	（2.17）
Trade	29.614***	40.858***	43.729***	45.238***	39.286***
	（5.38）	（8.26）	（7.74）	（7.92）	（6.89）
PGDP	0.026***	0.011**	0.026***	0.028***	0.029***
	（5.43）	（2.26）	（5.05）	（5.50）	（5.76）
Resources	−2,498.342***	−2,898.371***	−1,751.797**	−1,754.371**	464.580
	（−3.00）	（−3.81）	（−2.06）	（−2.05）	（0.51）
Tax	−15.163***	−20.238***	−15.996***	−5.103	−7.724*
	（−3.96）	（−5.73）	（−4.03）	（−1.26）	（−1.90）
Institutions	−1,389.631***	−213.839	−1,420.788***	−1,608.006***	−1,704.763***
	（−3.14）	（−0.50）	（−3.06）	（−3.50）	（−3.66）
Related	−1.155	−5.018	3.158	5.753	5.986
	（−0.29）	（−1.36）	（0.76）	（1.37）	（1.40）

续表

变量	Tobit (1)	Tobit (2)	Tobit (3)	Tobit (4)	Tobit (5)
	Prem1	Prem1	Prem1	Prem1	Prem1
Tender	71.937**	-45.334	-22.063	-50.062	-20.625
	(2.14)	(-1.46)	(-0.62)	(-1.37)	(-0.57)
PLI	1.788	6.833	-6.396	-19.824	-14.756
	(0.09)	(0.39)	(-0.32)	(-1.00)	(-0.73)
CompExp	1.508**	-0.228	0.769	1.648**	2.399***
	(2.17)	(-0.35)	(1.06)	(2.29)	(3.24)
Constant	-9,759.585***	-9,049.023***	-13,215.137***	-13,407.122***	-10,252.707***
	(-3.68)	(-3.74)	(-4.74)	(-4.78)	(-3.67)
年份	Yes	Yes	Yes	Yes	Yes
行业	Yes	Yes	Yes	Yes	Yes
Observations	301	301	301	301	301

Robust t-statistics in parentheses

*** p<0.01, ** p<0.05, * p<0.1

表6-5为来华留学生获得中国政府奖学金与中国企业在该国并购溢价的回归结果，因变量为并购价格与目标企业在并购公告宣布前一天股票价格的差额。列（1）为当期的回归结果，显示东道国来华留学生获得的政府奖学金系数显著为负（p<0.01）；考虑留学生在中国求学期间需要时间了解中国经济、政治、文化和社会等各方面情况，对两国之间增加了解和增进政治互信具有滞后性，列（2）、列（3）、和列（5）分别显示了自变量滞后一期（1年）、滞后两期（2年）、滞后四期（4年）的回归结果，结果显示来华留学规模的系数均显著为负。表明东道国派遣优秀学生来华留学，更有利于促进两国之间交流和理解，增进政治互信，降低了中国企业在该国并购支付的溢价。

表6-5 中国政府奖学金与跨国并购溢价（前一天股价）

变量	Tobit（1）	Tobit（2）	Tobit（3）	Tobit（4）	Tobit（5）
	Prem1	Prem1	Prem1	Prem1	Prem1
Scholarship	-22.065***	-32.326***	-18.993**	-14.111	-18.369**
	（-3.13）	（-3.44）	（-1.98）	（-1.65）	（-2.27）
GDPgrowth	-9.992	-14.765	-18.002	-13.173	-15.789
	（-0.81）	（-1.21）	（-1.42）	（-1.06）	（-1.27）
lnGDP	15.255	17.365	2.457	-3.575	-8.413
	（0.72）	（0.82）	（0.12）	（-0.17）	（-0.40）
Rate	-0.464***	-0.479***	-0.424***	-0.401***	-0.411***
	（-6.78）	（-6.95）	（-6.20）	（-6.13）	（-6.39）
Trade	0.234	0.161	0.342	0.312	0.238
	（0.42）	（0.29）	（0.59）	（0.52）	（0.41）
PGDP	-0.009***	-0.009***	-0.008***	-0.008***	-0.008***
	（-3.64）	（-3.65）	（-3.30）	（-3.25）	（-3.36）
Resources	267.549**	273.182**	278.333**	252.930**	249.988**
	（2.42）	（2.48）	（2.49）	（2.19）	（2.21）
Tax	-5.148***	-6.193***	-4.539**	-3.860**	-3.994**
	（-2.91）	（-3.30）	（-2.46）	（-2.21）	（-2.36）
Institutions	-101.275	-112.230*	-94.914	-75.165	-83.401
	（-1.55）	（-1.71）	（-1.42）	（-1.15）	（-1.28）
Related	6.135	4.077	4.729	5.170	3.781
	（0.98）	（0.65）	（0.75）	（0.82）	（0.60）

续表

变量	Tobit （1）	Tobit （2）	Tobit （3）	Tobit （4）	Tobit （5）
	Prem1	Prem1	Prem1	Prem1	Prem1
Tender	-28.723	-24.717	-20.043	-25.363	-26.672
	（-0.57）	（-0.50）	（-0.40）	（-0.49）	（-0.53）
PLI	-16.096	-16.092	-22.316	-23.076	-22.069
	（-0.51）	（-0.51）	（-0.70）	（-0.72）	（-0.69）
CompExp	0.433	0.433	0.265	0.326	0.311
	（0.41）	（0.41）	（0.25）	（0.30）	（0.29）
Constant	507.854	578.656	788.264	882.485	1,084.425
	（0.82）	（0.94）	（1.25）	（1.36）	（1.65）
年份	Yes	Yes	Yes	Yes	Yes
行业	Yes	Yes	Yes	Yes	Yes
Observations	301	301	301	301	301

Robust t-statistics in parentheses

*** p<0.01, ** p<0.05, * p<0.1

表6-6为东道国来华留学生数量与中国企业在该国并购溢价的回归结果，因变量为并购价格与目标企业在并购公告宣布前一周股票价格的差额，列（1）为当期回归结果，显示东道国来华留学生规模的系数显著为正（p<0.01），表示东道国来华留学生规模越大，中国企业在该国并购企业将付出更高溢价。同前文所述，考虑留学生在中国求学期间需要时间了解中国经济、政治、文化和社会等各方面情况，对两国之间增加了解和增进政治互信具有滞后性，列（2）、列（3）、列（4）和列（5）分别显示了自变量滞后一期（1年）、滞后两期（2年）、滞后三期（3年）和滞后四期（4年）的回归结果，结果显示来华留学规模的系数依然显著为正（p<0.01），同样表明来华留学生规模越大，中国企业在该国并购将付出越高的并购溢价。

表6-6 来华留学生数量与中国企业跨国并购溢价（前一周股价）

变量	Tobit （1）	Tobit （2）	Tobit （3）	Tobit （4）	Tobit （5）
	Prem2	Prem2	Prem2	Prem2	Prem2
Student	10.186***	12.650***	7.483***	6.625***	6.952***
	（8.20）	（11.94）	（7.16）	（7.15）	（6.59）
GDPgrowth	26.748*	-42.566***	-9.399	16.089	-23.373
	（1.93）	（-3.30）	（-0.68）	（1.15）	（-1.61）
lnGDP	171.197	70.544	361.198***	376.547***	220.318*
	（1.53）	（0.69）	（3.30）	（3.45）	（1.91）
Rate	2.676	5.083***	6.167***	4.950***	3.652*
	（1.46）	（3.04）	（3.25）	（2.64）	（1.93）
Trade	31.588***	43.226***	45.944***	47.738***	41.555***
	（5.30）	（8.07）	（7.58）	（7.83）	（6.84）
PGDP	0.028***	0.013**	0.028***	0.030***	0.031***
	（5.44）	（2.54）	（5.19）	（5.69）	（5.90）
Resources	-2,335.668**	-2,674.337***	-1,528.620*	-1,496.889	757.233
	（-2.59）	（-3.26）	（-1.68）	（-1.64）	（0.79）
Tax	-15.725***	-20.851***	-16.185***	-5.193	-8.071*
	（-3.84）	（-5.52）	（-3.86）	（-1.21）	（-1.89）
Institutions	-1,421.523***	-220.773	-1,459.927***	-1,647.870***	-1,715.250***
	（-2.97）	（-0.48）	（-2.94）	（-3.39）	（-3.48）
Related	0.069	-4.261	4.091	6.645	7.059
	（0.02）	（-1.06）	（0.92）	（1.48）	（1.55）

续表

变量	Tobit （1）	Tobit （2）	Tobit （3）	Tobit （4）	Tobit （5）
	Prem2	Prem2	Prem2	Prem2	Prem2
Tender	46.526	-53.252*	-31.001	-54.105	-31.931
	（1.36）	（-1.68）	（-0.87）	（-1.48）	（-0.88）
PLI	4.773	10.758	-2.360	-15.823	-11.232
	（0.23）	（0.57）	（-0.11）	（-0.75）	（-0.53）
CompExp	1.686**	-0.054	0.951	1.842**	2.630***
	（2.25）	（-0.08）	（1.23）	（2.40）	（3.34）
Constant	-10,439.922***	-9,956.009***	-14,151.509***	-14,474.329***	-11,158.876***
	（-3.64）	（-3.81）	（-4.74）	（-4.83）	（-3.76）
年份	Yes	Yes	Yes	Yes	Yes
行业	Yes	Yes	Yes	Yes	Yes
Observations	304	304	304	304	304

Robust t–statistics in parentheses

*** p<0.01, ** p<0.05, * p<0.1

表6–7为来华留学生获得中国政府奖学金与中国企业在该国并购溢价的回归结果，因变量为并购价格与目标企业在并购公告宣布前一周股票价格的差额。列（1）为当期回归结果，显示东道国来华留学生获得的政府奖学金系数为负（p<0.01）。考虑留学生在中国求学期间需要时间了解中国经济、政治、文化和社会等各方面情况，对两国之间增加了解和增进政治互信具有滞后性，列（2）、列（3）、列（4）和列（5）分别显示了自变量滞后一期（1年）、滞后两期（2年）、滞后三期（3年）和滞后四期（4年）的回归结果，列（2）、列（3）和列（5）结果显示来华留学规模的系数均显著为负。表明东道国派遣优秀学生来华留学，更有利于增进两国的政治互信，降低了中国企业的并购溢价。

表6-7 中国政府奖学金与中国企业跨国并购溢价（前一周股价）

变量	Tobit（1）	Tobit（2）	Tobit（3）	Tobit（4）	Tobit（5）
	Prem2	Prem2	Prem2	Prem2	Prem2
Scholarship	−21.607***	−30.671***	−16.885*	−11.468	−17.151**
	（−2.94）	（−3.13）	（−1.70）	（−1.30）	（−2.04）
GDPgrowth	−12.496	−17.103	−19.697	−15.419	−17.956
	（−0.98）	（−1.34）	（−1.49）	（−1.19）	（−1.39）
lnGDP	18.433	20.014	5.716	0.636	−4.334
	（0.83）	（0.90）	（0.26）	（0.03）	（−0.20）
Rate	−0.484***	−0.495***	−0.438***	−0.415***	−0.430***
	（−6.76）	（−6.86）	（−6.14）	（−6.08）	（−6.39）
Trade	0.323	0.273	0.466	0.467	0.351
	（0.55）	（0.47）	（0.78）	（0.76）	（0.58）
PGDP	−0.010***	−0.009***	−0.009***	−0.009***	−0.009***
	（−3.73）	（−3.72）	（−3.39）	（−3.33）	（−3.46）
Resources	290.569**	297.168**	303.790**	285.001**	276.024**
	（2.51）	（2.58）	（2.60）	（2.37）	（2.33）
Tax	−5.126***	−6.033***	−4.345**	−3.659**	−3.926**
	（−2.78）	（−3.08）	（−2.26）	（−2.01）	（−2.22）
Institutions	−89.418	−98.387	−79.586	−60.916	−70.606
	（−1.31）	（−1.43）	（−1.14）	（−0.89）	（−1.03）
Related	6.762	4.795	5.504	5.886	4.560
	（1.03）	（0.73）	（0.83）	（0.89）	（0.69）

续表

变量	Tobit（1）	Tobit（2）	Tobit（3）	Tobit（4）	Tobit（5）
	Prem2	Prem2	Prem2	Prem2	Prem2
Tender	–23.583	–18.320	–14.129	–16.983	–20.604
	（–0.47）	（–0.37）	（–0.28）	（–0.33）	（–0.41）
PLI	–12.053	–12.099	–17.918	–18.647	–17.778
	（–0.36）	（–0.36）	（–0.53）	（–0.56）	（–0.53）
CompExp	0.393	0.389	0.239	0.297	0.276
	（0.35）	（0.35）	（0.21）	（0.26）	（0.25）
Constant	452.395	522.029	708.348	771.554	994.086
	（0.70）	（0.81）	（1.08）	（1.14）	（1.45）
年份	Yes	Yes	Yes	Yes	Yes
行业	Yes	Yes	Yes	Yes	Yes
Observations	304	304	304	304	304

Robust t–statistics in parentheses

*** $p<0.01$, ** $p<0.05$, * $p<0.1$

表6–8为东道国来华留学生数量与中国企业在该国并购溢价的回归结果，因变量为并购价格与目标企业在并购公告宣布前四周股票价格的差额，列（1）为当期回归结果，显示东道国来华留学生规模的系数显著为正（$p<0.01$），表示东道国来华留学生规模越大，中国企业在该国并购企业将付出越高溢价。同前文所述，考虑留学生在中国求学期间需要时间了解中国经济、政治、文化和社会等各方面情况，对两国之间增加了解和增进政治互信具有滞后性，列（2）、列（3）、列（4）和列（5）分别显示了自变量滞后一期（1年）、滞后两期（2年）、滞后三期（3年）和滞后四期（4年）的回归结果，结果显示来华留学规模的系数均显著为正（$p<0.01$），再次表明来华留学生规模越大，中国企业在该国并购将付出越高的并购溢价。

表6-8 来华留学生数量与中国企业跨国并购溢价（前四周股价）

变量	Tobit（1）	Tobit（2）	Tobit（3）	Tobit（4）	Tobit（5）
	Prem3	Prem3	Prem3	Prem3	Prem3
Student	9.569***	11.555***	7.072***	6.168***	6.058***
	（9.16）	（13.10）	（7.98）	（7.74）	（6.63）
GDPgrowth	23.473**	-39.029***	-11.493	12.551	-23.728*
	（2.01）	（-3.66）	（-0.98）	（1.06）	（-1.90）
lnGDP	122.738	32.001	293.506***	305.634***	169.770*
	（1.31）	（0.38）	（3.17）	（3.29）	（1.70）
Rate	3.481**	5.618***	6.714***	5.527***	4.402***
	（2.25）	（4.03）	（4.18）	（3.46）	（2.70）
Trade	30.569***	40.976***	43.639***	45.046***	39.213***
	（6.08）	（9.14）	（8.49）	（8.66）	（7.48）
PGDP	0.027***	0.013***	0.025***	0.027***	0.029***
	（6.08）	（2.96）	（5.57）	（6.07）	（6.33）
Resources	-2,315.991***	-2,628.323***	-1,670.258**	-1,663.124**	292.208
	（-3.07）	（-3.85）	（-2.17）	（-2.15）	（0.35）
Tax	-15.591***	-20.375***	-16.363***	-6.180*	-9.191**
	（-4.52）	（-6.46）	（-4.60）	（-1.69）	（-2.50）
Institutions	-1,556.752***	-483.643	-1,536.549***	-1,722.155***	-1,856.098***
	（-3.86）	（-1.25）	（-3.64）	（-4.13）	（-4.35）
Related	-0.807	-4.699	3.270	5.657	5.770
	（-0.22）	（-1.40）	（0.86）	（1.47）	（1.47）

续表

变量	Tobit (1)	Tobit (2)	Tobit (3)	Tobit (4)	Tobit (5)
	Prem3	Prem3	Prem3	Prem3	Prem3
Tender	83.113***	-27.993	-3.851	-30.488	2.117
	(2.72)	(-0.99)	(-0.12)	(-0.92)	(0.06)
PLI	-1.173	4.099	-8.421	-21.227	-17.836
	(-0.07)	(0.26)	(-0.47)	(-1.18)	(-0.97)
CompExp	1.556**	-0.022	0.840	1.675**	2.327***
	(2.46)	(-0.04)	(1.28)	(2.57)	(3.43)
Constant	-8,342.012***	-7,704.170***	-11,597.851***	-11,724.319***	-8,389.131***
	(-3.46)	(-3.54)	(-4.59)	(-4.61)	(-3.29)
年份	Yes	Yes	Yes	Yes	Yes
行业	Yes	Yes	Yes	Yes	Yes
Observations	302	302	302	302	302

Robust t-statistics in parentheses

*** p<0.01, ** p<0.05, * p<0.1

表6-9为来华留学生获得中国政府奖学金与中国企业在该国并购溢价的回归结果，因变量为并购价格与目标企业在并购公告宣布前四周股票价格的差额。列（1）为当期回归结果，显示东道国来华留学生获得的政府奖学金系数为负（p<0.01）。考虑留学生在中国求学期间需要时间了解中国经济、政治、文化和社会等各方面情况，对两国之间增加了解和增进政治互信具有滞后性，列（2）、列（3）、列（4）和列（5）分别显示了自变量滞后一期（1年）、滞后两期（2年）、滞后三期（3年）和滞后四期（4年）的回归结果，列（2）、列（3）和列（5）结果均显示来华留学规模的系数均显著为负。再次表明东道国派遣优秀学生来华留学，有利于增进两国的政治互信，降低中国企业的并购溢价。

表6-9 中国政府奖学金与中国企业跨国并购溢价（前四周股价）

变量	Tobit (1)	Tobit (2)	Tobit (3)	Tobit (4)	Tobit (5)
	Prem3	Prem3	Prem3	Prem3	Prem3
Scholarship	-19.513***	-30.170***	-17.539*	-11.713	-16.276**
	(-2.91)	(-3.38)	(-1.93)	(-1.44)	(-2.12)
GDPgrowth	-8.089	-12.389	-15.264	-10.884	-13.160
	(-0.69)	(-1.07)	(-1.27)	(-0.92)	(-1.11)
lnGDP	19.164	21.910	7.978	2.818	-1.762
	(0.95)	(1.09)	(0.40)	(0.14)	(-0.09)
Rate	-0.429***	-0.447***	-0.395***	-0.370***	-0.382***
	(-6.57)	(-6.83)	(-6.08)	(-5.96)	(-6.23)
Trade	0.392	0.301	0.481	0.489	0.398
	(0.73)	(0.56)	(0.88)	(0.87)	(0.72)
PGDP	-0.009***	-0.009***	-0.009***	-0.008***	-0.009***
	(-4.01)	(-4.05)	(-3.70)	(-3.63)	(-3.75)
Resources	294.094***	296.279***	302.555***	284.143**	278.384**
	(2.79)	(2.83)	(2.85)	(2.59)	(2.58)
Tax	-4.615***	-5.744***	-4.138**	-3.403**	-3.593**
	(-2.74)	(-3.21)	(-2.36)	(-2.05)	(-2.23)
Institutions	-68.389	-80.954	-63.911	-44.209	-52.513
	(-1.10)	(-1.30)	(-1.00)	(-0.71)	(-0.85)
Related	5.612	3.700	4.378	4.815	3.542
	(0.94)	(0.62)	(0.73)	(0.80)	(0.59)

续表

变量	Tobit (1)	Tobit (2)	Tobit (3)	Tobit (4)	Tobit (5)
	Prem3	Prem3	Prem3	Prem3	Prem3
Tender	-19.373	-18.139	-12.255	-15.526	-17.602
	(-0.41)	(-0.39)	(-0.26)	(-0.32)	(-0.37)
PLI	-16.075	-15.056	-21.112	-21.790	-21.120
	(-0.53)	(-0.50)	(-0.69)	(-0.72)	(-0.70)
CompExp	0.480	0.486	0.324	0.390	0.370
	(0.47)	(0.48)	(0.32)	(0.38)	(0.36)
Constant	278.186	334.986	531.252	589.299	787.838
	(0.47)	(0.57)	(0.89)	(0.96)	(1.26)
年份	Yes	Yes	Yes	Yes	Yes
行业	Yes	Yes	Yes	Yes	Yes
Observations	302	302	302	302	302

Robust t-statistics in parentheses

*** p<0.01, ** p<0.05, * p<0.1

（三）来华留学生数量与中国企业跨国并购规模

表6-10显示了来华留学生的规模对中国企业在东道国并购金额的影响。列（1）为当期回归结果，显示来华留学规模的系数显著为负（p<0.01），表示东道国来华留学生规模的扩大不但不会促进中国企业在该国并购规模，反而会降低中国企业在该国并购规模。考虑留学生在中国求学期间，通常需要一到两年时间了解中国经济、政治、文化和社会等各方面情况，在中国求学经历对两国之间增加了解和增进政治互信具有滞后效应，所以列（2）、列（3）、列（4）和列（5）分别显示了自变量滞后一期（1年）、滞后两期（2年）、滞后三期（3年）和滞后四期（4年）的回归结果，结果显示来华留学规模的系数均显著为负（p<0.01），表明东道国来华留学生规模的扩大会抑制中国企业在该国并购的规模。

表6-10 来华留学生数量与中国企业跨国并购金额绝对值

变量	Tobit (1)	Tobit (2)	Tobit (3)	Tobit (4)	Tobit (5)
	Mavalue	Mavalue	Mavalue	Mavalue	Mavalue
Student	−1.428***	−1.327***	−1.321***	−1.339***	−1.218***
	(−6.45)	(−6.35)	(−6.41)	(−6.68)	(−6.14)
GDPgrowth	4.186	6.023	4.880	5.373	6.981
	(0.47)	(0.68)	(0.55)	(0.60)	(0.78)
lnGDP	101.753***	96.521***	99.193***	104.700***	96.239***
	(4.24)	(4.10)	(4.18)	(4.40)	(4.01)
Rate	0.054	0.048	0.047	0.061	0.040
	(0.81)	(0.72)	(0.70)	(0.91)	(0.59)
Trade	−0.564	−0.684	−0.625	−0.571	−0.697
	(−1.17)	(−1.43)	(−1.30)	(−1.19)	(−1.46)
PGDP	0.006***	0.006***	0.007***	0.007***	0.006***
	(3.25)	(3.29)	(3.42)	(3.44)	(3.34)
Resources	−194.691**	−220.543**	−224.593**	−214.401**	−230.693***
	(−2.19)	(−2.50)	(−2.55)	(−2.43)	(−2.62)
Tax	−3.492**	−3.383**	−3.503**	−3.430**	−3.383**
	(−2.36)	(−2.29)	(−2.37)	(−2.32)	(−2.28)
Institutions	−216.238***	−211.593***	−217.253***	−212.794***	−202.151***
	(−4.16)	(−4.08)	(−4.18)	(−4.11)	(−3.91)
Related	−29.166***	−29.597***	−30.107***	−30.525***	−30.114***
	(−4.27)	(−4.34)	(−4.42)	(−4.49)	(−4.41)

续表

变量	Tobit (1)	Tobit (2)	Tobit (3)	Tobit (4)	Tobit (5)
	Mavalue	Mavalue	Mavalue	Mavalue	Mavalue
Tender	-140.844***	-138.254**	-141.717***	-145.377***	-146.558***
	(-2.63)	(-2.59)	(-2.65)	(-2.72)	(-2.73)
PLI	-76.651***	-72.902***	-74.767***	-74.811***	-73.764***
	(-2.83)	(-2.69)	(-2.76)	(-2.77)	(-2.72)
CompExp	-1.497**	-1.552**	-1.580***	-1.636***	-1.583***
	(-2.48)	(-2.57)	(-2.61)	(-2.71)	(-2.62)
Constant	-1,241.027*	-1,213.386*	-1,263.011*	-1,438.511**	-1,304.898*
	(-1.91)	(-1.87)	(-1.94)	(-2.19)	(-1.96)
年份	Yes	Yes	Yes	Yes	Yes
行业	Yes	Yes	Yes	Yes	Yes
Observations	1,479	1,483	1,483	1,483	1,483

Robust t-statistics in parentheses

*** p<0.01, ** p<0.05, * p<0.1

表6-11显示了来华留学生的规模对中国企业在东道国并购金额相对值的影响。列（1）为当期回归结果，显示来华留学规模的系数显著为负（p<0.10），表示东道国来华留学生规模的扩大会降低中国企业在该国并购金额相对值。考虑留学生在中国求学期间需要时间了解中国经济、政治、文化和社会等各方面情况，对两国之间增加了解和增进政治互信具有滞后性，列（2）、列（3）、列（4）和列（5）分别显示了自变量滞后一期（1年）、滞后两期（2年）、滞后三期（3年）和滞后四期（4年）的回归结果，结果显示只有滞后三期的来华留学规模的系数显著为负（p<0.10），其余滞后期来华留学生规模的系数均不显著。回归结果表明，东道国来华留学生规模的扩大依然会抑制中国企业在该国并购。

表6-11 来华留学生数量与中国企业跨国并购金额相对值

变量	Tobit (1)	Tobit (2)	Tobit (3)	Tobit (4)	Tobit (5)
	MAproport	MAproport	MAproport	MAproport	MAproport
Student	-0.006*	-0.003	-0.004	-0.006*	-0.002
	(-1.84)	(-0.92)	(-1.20)	(-1.70)	(-0.49)
GDPgrowth	-0.437***	-0.444***	-0.447***	-0.448***	-0.446***
	(-2.98)	(-3.04)	(-3.06)	(-3.07)	(-3.05)
lnGDP	-1.366***	-1.665***	-1.568***	-1.393***	-1.787***
	(-3.51)	(-4.37)	(-4.02)	(-3.50)	(-4.52)
Rate	0.003***	0.002**	0.002**	0.003***	0.002**
	(2.85)	(2.29)	(2.45)	(2.77)	(1.98)
Trade	-0.045***	-0.048***	-0.047***	-0.045***	-0.049***
	(-6.43)	(-6.98)	(-6.70)	(-6.35)	(-7.03)
PGDP	0.000	0.000*	0.000*	0.000	0.000*
	(1.60)	(1.74)	(1.73)	(1.65)	(1.80)
Resources	-6.391***	-6.793***	-6.714***	-6.544***	-6.982***
	(-4.90)	(-5.25)	(-5.21)	(-5.09)	(-5.47)
Tax	-0.119***	-0.116***	-0.116***	-0.119***	-0.115***
	(-5.02)	(-4.88)	(-4.92)	(-5.02)	(-4.81)
Institutions	-1.659**	-1.613**	-1.639**	-1.642**	-1.585**
	(-2.25)	(-2.19)	(-2.22)	(-2.23)	(-2.15)
Related	-0.376***	-0.377***	-0.379***	-0.385***	-0.380***
	(-3.75)	(-3.76)	(-3.78)	(-3.85)	(-3.79)

续表

变量	Tobit （1）	Tobit （2）	Tobit （3）	Tobit （4）	Tobit （5）
	MAproport	MAproport	MAproport	MAproport	MAproport
Tender	−5.470***	−5.316***	−5.417***	−5.588***	−5.258***
	（−5.67）	（−5.50）	（−5.55）	（−5.68）	（−5.36）
PLI	−0.610	−0.595	−0.604	−0.607	−0.593
	（−1.60）	（−1.56）	（−1.58）	（−1.59）	（−1.55）
CompExp	−0.013*	−0.013*	−0.013*	−0.014*	−0.013*
	（−1.76）	（−1.74）	（−1.75）	（−1.83）	（−1.72）
Constant	57.221***	62.888***	61.027***	57.297***	65.080***
	（6.07）	（6.76）	（6.46）	（5.90）	（6.70）
年份	Yes	Yes	Yes	Yes	Yes
行业	Yes	Yes	Yes	Yes	Yes
Observations	1,115	1,119	1,119	1,119	1,119

Robust t−statistics in parentheses

*** p<0.01, ** p<0.05, * p<0.1

表6–12显示了来华留学生获得政府奖学金对中国企业在东道国并购规模的影响。列（1）为当期回归结果，显示来华留学规模的系数显著为正（p<0.01），表示东道国来华留学生获得政府奖学金学生数占该年度该国来华留学学生总人数的比例越高，则中国企业在该国并购规模越大。同样考虑留学生在中国求学期间需要时间了解中国经济、政治、文化和社会等各方面情况，对两国之间增加了解和增进政治互信具有滞后性，列（2）、列（3）、列（4）和列（5）分别显示了自变量滞后一期（1年）、滞后两期（2年）、滞后三期（3年）和滞后四期（4年）的回归结果，结果均显示获得中国政府奖学金的系数均显著为正（p<0.01），表明东道国来华留学生生源质量越高，对中国企业在该国并购的促进效用越明显。

表6-12 中国政府奖学金与中国企业跨国并购金额绝对值

变量	Tobit (1)	Tobit (2)	Tobit (3)	Tobit (4)	Tobit (5)
	MAvalue	MAvalue	MAvalue	MAvalue	MAvalue
Scholarship	21.282***	23.206***	23.685***	29.400***	31.285***
	(6.26)	(6.99)	(7.19)	(7.95)	(9.25)
GDPgrowth	3.252	5.386	9.575	11.222	18.013**
	(0.37)	(0.61)	(1.07)	(1.26)	(2.02)
lnGDP	8.966	11.789	13.071	30.788*	49.809***
	(0.56)	(0.74)	(0.82)	(1.87)	(2.96)
Rate	−0.192***	−0.201***	−0.221***	−0.214***	−0.227***
	(−3.34)	(−3.52)	(−3.85)	(−3.75)	(−4.01)
Trade	−1.068**	−1.059**	−1.095**	−0.853*	−0.663
	(−2.33)	(−2.33)	(−2.42)	(−1.87)	(−1.46)
PGDP	0.006***	0.006***	0.007***	0.006***	0.006***
	(2.98)	(3.34)	(3.62)	(3.27)	(3.08)
Resources	−255.730***	−282.220***	−303.991***	−277.963***	−256.015***
	(−2.92)	(−3.25)	(−3.51)	(−3.22)	(−2.98)
Tax	−3.141**	−2.961**	−3.172**	−3.136**	−2.922**
	(−2.12)	(−2.00)	(−2.15)	(−2.13)	(−2.00)
Institutions	−100.256*	−114.343**	−131.701**	−109.067**	−104.550**
	(−1.91)	(−2.21)	(−2.56)	(−2.12)	(−2.05)
Related	−24.812***	−25.648***	−26.748***	−28.424***	−26.352***
	(−3.60)	(−3.75)	(−3.93)	(−4.20)	(−3.91)

续表

变量	Tobit （1）	Tobit （2）	Tobit （3）	Tobit （4）	Tobit （5）
	MAvalue	MAvalue	MAvalue	MAvalue	MAvalue
Tender	−123.535**	−125.039**	−123.668**	−133.424**	−150.152***
	（−2.31）	（−2.35）	（−2.33）	（−2.52）	（−2.85）
PLI	−75.602***	−68.472**	−65.167**	−63.220**	−59.446**
	（−2.79）	（−2.53）	（−2.41）	（−2.35）	（−2.22）
CompExp	−1.088*	−1.297**	−1.296**	−1.406**	−1.380**
	（−1.80）	（−2.16）	（−2.16）	（−2.35）	（−2.32）
Constant	−93.770	−182.972	−185.156	−794.191	−1,387.219**
	（−0.16）	（−0.32）	（−0.33）	（−1.35）	（−2.33）
年份	Yes	Yes	Yes	Yes	Yes
行业	Yes	Yes	Yes	Yes	Yes
Observations	1,472	1,477	1,477	1,477	1,477

Robust t-statistics in parentheses

*** p<0.01, ** p<0.05, * p<0.1

表6–13显示了来华留学生获得政府奖学金对中国企业在东道国并购金额相对值的影响。列（1）为当期回归结果，显示获中国政府奖学金的系数并不显著，考虑留学生在中国求学期间需要时间了解中国经济、政治、文化和社会等各方面情况，对两国之间增加了解和增进政治互信具有滞后性，所以列（2）、列（3）、列（4）和列（5）分别显示了自变量滞后一期（1年）、滞后两期（2年）、滞后三期（3年）和滞后四期（4年）的回归结果。结果显示滞后一期的获中国政府奖学金的系数显著为负（$p<0.05$），但滞后两期的系数不再为负，滞后三期和滞后四期的获得中国政府奖学金的系数均显著为正（$p<0.01$）和（$p<0.05$），总体表明东道国来华留学生获得中国政府奖学金比例的提高会扩大中国企业在该国并购金额相对值，表明较高的东道国来华留学生生源质量会促进中国企业在该国并购。

表6-13 中国政府奖学金与中国企业跨国并购金额相对值

变量	Tobit (1)	Tobit (2)	Tobit (3)	Tobit (4)	Tobit (5)
	MAproport	MAproport	MAproport	MAproport	MAproport
Scholarship	-0.002	-0.141**	0.007	0.173***	0.126**
	(-0.03)	(-2.40)	(0.11)	(2.79)	(2.05)
GDPgrowth	-0.445***	-0.381**	-0.447***	-0.496***	-0.492***
	(-3.01)	(-2.57)	(-3.04)	(-3.38)	(-3.33)
lnGDP	-1.946***	-1.975***	-1.943***	-1.796***	-1.795***
	(-8.45)	(-8.62)	(-8.44)	(-7.65)	(-7.47)
Rate	0.002**	0.002**	0.002**	0.002**	0.002**
	(2.18)	(2.26)	(2.18)	(2.18)	(2.19)
Trade	-0.051***	-0.052***	-0.051***	-0.048***	-0.048***
	(-8.12)	(-8.35)	(-8.13)	(-7.58)	(-7.64)
PGDP	0.000*	0.000**	0.000*	0.000	0.000*
	(1.86)	(2.00)	(1.86)	(1.63)	(1.67)
Resources	-7.133***	-6.995***	-7.141***	-7.153***	-7.125***
	(-5.74)	(-5.65)	(-5.75)	(-5.79)	(-5.76)
Tax	-0.113***	-0.110***	-0.113***	-0.118***	-0.116***
	(-4.79)	(-4.68)	(-4.80)	(-5.04)	(-4.95)
Institutions	-1.572**	-2.094***	-1.540**	-1.010	-1.215
	(-2.04)	(-2.73)	(-2.00)	(-1.33)	(-1.61)
Related	-0.380***	-0.431***	-0.378***	-0.337***	-0.337***
	(-3.74)	(-4.22)	(-3.72)	(-3.34)	(-3.29)
Tender	-5.127***	-5.012***	-5.135***	-5.426***	-5.321***
	(-5.41)	(-5.31)	(-5.42)	(-5.72)	(-5.61)
PLI	-0.589	-0.578	-0.590	-0.604	-0.593
	(-1.54)	(-1.52)	(-1.55)	(-1.59)	(-1.56)

续表

变量	Tobit (1)	Tobit (2)	Tobit (3)	Tobit (4)	Tobit (5)
	MAproport	MAproport	MAproport	MAproport	MAproport
CompExp	-0.013*	-0.014*	-0.013*	-0.012	-0.012
	(-1.68)	(-1.79)	(-1.68)	(-1.60)	(-1.56)
Constant	68.296***	71.262***	68.086***	61.650***	62.473***
	(9.24)	(9.68)	(9.17)	(8.09)	(8.02)
年份	Yes	Yes	Yes	Yes	Yes
行业	Yes	Yes	Yes	Yes	Yes
Observations	1,115	1,120	1,120	1,120	1,120

Robust t-statistics in parentheses

*** p<0.01, ** p<0.05, * p<0.1

三、稳健性检验

（一）基于签订双边互认学历协议对留学生规模的检验

签订双边互认学历协议对吸引优秀留学生、推动高等教育国际化有重要作用。学历学位互认有利于为留学生提供法律保障，其在国外正规高等教育机构获得的学历学位获得认可，可对其就业或接受更高层次教育提供法律保障。签订也有利于提高高等院校的可靠性，是对签署国教育质量的认可，在签署双边互认学历协议后，签约国是以国家声誉为教学质量提供担保，提供官方认可的高校名单，并为两国学生互相进入对方高校留学和深造提供便利，有利于学生择校和促进高等院校提高教学质量。我国在20世纪80年代初就加入了《亚洲和太平洋地区承认高等教育学历、文凭与学位的地区公约》，随着高等教育国际化的发展，2019年联合国教科文组织通过了第一个具有法律约束力的联合国高等教育条例《全球高等教育教育学历学位互认公约》。随着中国高等教育的国际化发展，截至2020年年底，我国已与全球54个国家签订了高等教育学历学位互认协议。

本章研究来华留学生数量对中国企业跨国并购的影响，其中解释变量来华留学生数量可能为内生变量，因此本章选取"是否签订双边互认学历协议"作为工具变量。稳健性检验进行两步法估计，同时显示第一步回归结果的结果如表6–14：

表6–14 工具变量回归结果

变量	（1） Student	（2） MAvalue	（3） Student	（4） MAproport
	回归1	回归2	回归1	回归2
Recog	47.59***		48.740***	
	（11.25）		（10.21）	
Student		–1.75***		–64.070***
		（–2.2.74）		（–2.94））
GDPgrowth	5.10***	13.254	8.208***	599.800
	（5.00）	（0.99）	（5.98）	（1.64）
lnGDP	85.06***	221.180***	86.359***	4733.12**
	（50.97）	（2.60）	（48.15）	（2.47）
Rate	0.16***	0.005	0.151***	15.329***
	（27.67）	0.33）	（23.47）	（4.02）
Trade	0.88***	1.056	0.878***	57.544***
	（18.71）	（1.23）	（16.56）	（2.61）
PGDP	0.001***	0.001	0.001**	0.058
	（4.87）	（0.02）	（2.59）	（1.09）
Resources	30.67***	233.039	55.368***	8748.599***
	（3.11）	（1.56）	（4.68）	（2.72）
Tax	–1.12***	–5.06*	–0.741***	89.159**
	（–6.54）	（–1.96）	（–3.78）	（2.12）

续表

变量	(1) Student	(2) MAvalue	(3) Student	(4) MAproport
	回归1	回归2	回归1	回归2
Institutions	-74.06***	-250.918***	-58.482	-3692.842**
	(-12.03)	(-3.12)	(-7.78)	(-2.46)
Related	0.92	-2.45	0.434	-132.017
	1.34	(-0.55)	(0.59)	(-0.81)
Tender	5.49	-77.365***	13.211	1716.373
	0.77	(-2.66)	(1.57)	(-0.92)
PLI	7.91*	-12.879	5.394	-296.765
	1.73	(-0.77)	(1.03)	(-0.726)
CompExp	-0.02	1.952**	-0.030	2.070
	0.82	(2.01)	(-0.39)	(0.12)
Constant	-1561.02***	-3528.348**	-1621.993***	-88139.18**
	(-33.47)	(-2.27)	(-32.20)	(-2.41)
F	358.95		298.06	
Wald		3.18		6.71
Observations	1479	1479	1122	1122

Robust t-statistics in parentheses

*** p<0.01, ** p<0.05, * p<0.1

列（1）结果为工具变量第一阶段的回归结果。列（1）显示的第一步回归中，变量 Recog 的系数显著为正（p<0.01），F 值为358.95，因此不存在弱工具变量。Wald 检验结果显示 Student 存在内生性。列（2）显示的回归2结果与前文结果保持一致。列（3）结果为工具变量第一阶段的回归结果。列（3）显示的第一步回归中，变量 Recog 的系数显著为正（p<0.01），F 值为298.06，因此不存在弱工具变量。Wald 检验结果显示 Student 存在内生性。列（4）显

示的回归2结果与前文结果保持一致。本章主要结论为发生改变，说明内生性未影响到本章主要结果的稳健。

（二）基于签订双边互认学历协议对获中国政府奖学金的检验

同前文所示，“是否签订双边互认学历协议”对中国企业跨国并购没有直接影响，中国企业不会由于中国与东道国签订双边互认学历协议而改变其在东道国的并购决策，而“是否签订双边互认学历协议”会对东道国来华留学有直接影响。

稳定性检验进行两步法估计，同时显示第一步回归结果的结果如表6-15。第一步回归中，变量 Recog 的系数显著为负（p<0.01），F 值为73.92，因此不存在弱工具变量。Wald 检验结果显示 Schrate 存在内生性。回归1结果为工具变量第一阶段的回归结果，“是否签订双边互认学历协议”与东道国获奖留学生占来华留学生比重显著负相关（p<0.01）。回归2结果与前文结果保持一致，本章主要结论未发生改变，说明内生性未影响到本章主要结果的稳健。

表6-15　工具变量回归结果

变量	（1） Schrate	（2） MAvalue	（3） Schrate	（4） MAproport
	回归1	回归2	回归1	回归2
Recog	-3.38***		-3.229***	
	（-12.60）		（-10.44）	
Schrate		24.68***		970.111***
		（2.73）		（2.94）
GDPgrowth	0.041	0.120	0.143	-62.180
	（0.57）	（0.01）	（1.61）	（-0.20）
lnGDP	-2.051***	67.120**	-1.064***	232.509
	（-16.05）	（2.14）	（-9.15）	（0.44）
Rate	0.001***	-0.018	-0.001	5.762***
	（3.98）	（-1.45）	（-0.29）	（4.04）
Trade	-0.044***	0.482	-0.030***	29.840**
	（-12.94）	（10.68）	（-8.59）	（2.00）

续表

变量	(1) Schrate	(2) MAvalue	(3) Schrate	(4) MAproport
	回归1	回归2	回归1	回归2
PGDP	-0.001***	0.002	-0.001***	0.078
	(--5.45)	(1.25)	(-3.86)	(1.50)
Resources	-1.674**	166.005	-1.40*	6561.805**
	(-2.23)	(1.21)	(1.82)	(2.34)
Tax	0.009	-0.941	-0.020	156.096***
	(0.68)	(-0.43)	(-1.57)	(3.42)
Institutions	-0.155	-55.065	-1.002**	1037.025
	(-0.34)	(-0.68)	(-2.06)	(0.55)
Related	-0.01	-2.33	-0.032	-128.7759
	(-0.18)	(-0.47)	(-0.67)	(-0.79)
Tender	0.50	-153.44***	0.146	727.123
	(1.11)	(-2.96)	(0.27)	(0.39)
PLI	0.37	-20.36	0.440	-1070.968
	(1.27)	(-0.62)	(1.29)	(-0.92)
CompExp	-0.01	1.81***	-0.004	7.585
	(-0.99)	(3.51)	(-0.75)	(0.45)
Constant	72.948***	-1855.033*	44.159***	-27059.89
	(-20.44)	(-1.89)	(13.53)	(-1.51)
F	73.92		45.99	
Wald		2.79		7.27
Observations	1479	1479	1122	1122

Robust t-statistics in parentheses

***p<0.01, **p<0.05, *p<0.1

四、异质性分析

（一）发达国家和发展中国家回归的分组检验

如前文所述，中国企业跨国并购的对象既有发达经济体，也有发展中经济体，中国企业对发展中国家的投资主要在于化解国内的产能过剩，偏重于基础设施的投资，而对发达国家的并购主要在于实现产业的转型升级，偏重于先进技术产业的并购（方慧、赵胜立，2017）。留学生对中国的感观受到其母国、西方和中国三层因素的影响，留学生的国家身份认同是决定其中国观的关键因素。叶淑兰（2020）研究认为，西方的自由民主价值标准构成一种观念性结构，影响留学生对中国国家形象的评价，这种影响不仅限于欧美等发达国家，也包括在20世纪90年代逐步推行民主化改革的发展中国家，他们已接受西方的价值理念，在实证调查中对中国的评价偏向负面。

中国政府奖学金推动来华留学生教育发展的成效显著，从2009—2018年中国政府奖学金留学生的年均增长率在10%以上，获得奖学金的留学生人数所占比例不断增长。从获得奖学金的群体看，非洲、越南、中亚、中东和拉美国家获得中国政府奖学金的人数占其来华留学生总人数的比例排名前五，远高于奖学金的平均覆盖率。叶淑兰（2020）研究认为，来华经费来源与留学生对中国国家形象、国民素质以及中国情感归属的评价具有较显著的关系。

因此，本章引入发达国家和发展中国家做区分考察：

表6-16显示发达国家和发展中国家来华留学生规模对中国企业在该国并购的异质性分析。列（1）显示未添加相关控制变量时，发达国家来华留学生规模的系数显著为负（$p<0.10$），列（2）显示未添加相关控制变量时，发展中国家来华留学生规模的系数也显著为负（$p<0.10$）。列（3）显示添加相关控制变量后，发达国家来华留学生规模的系数显著为负（$p<0.01$），但列（4）显示添加相关控制变量后，发展中国家来华留学生规模的系数不显著。回归结果表明发达国家派遣来华留学生规模扩大对中国企业在该国并购不利，而发展中国家来华留学生规模扩大对中国企业在该国并购无显著影响。经由Chow检验得到的经验p值证实了上述差异在统计上的差异性，均在10%水平上显著。

表6-16 发达国家和发展中国家来华留学生规模的分组检验

变量	Tobit (1) (Developed)	Tobit (2) (Developing)	Tobit (3) (Developed)	Tobit (4) (Developing)
	MAvalue	MAvalue	MAvalue	MAvalue
Student	−0.173*	−0.315*	−1.226***	−0.397
	(−1.80)	(−1.67)	(−3.17)	(−1.10)
GDPgrowth			−5.535	3.135
			(−0.46)	(0.22)
lnGDP			106.409***	5.230
			(2.95)	(0.14)
Rate			0.186*	−0.045
			(1.66)	(−0.56)
Trade			0.625	−1.240
			(1.16)	(−1.07)
PGDP			0.004**	0.014
			(2.18)	(1.61)
Resources			−37.819	547.340***
			(−0.37)	(2.65)
Tax			−0.144	5.980
			(−0.10)	(1.64)
Institutions			−56.414	−126.414
			(−0.93)	(−1.21)
Related			8.780	−44.140***
			(1.35)	(−2.63)
Tender			−61.562	−87.791
			(−1.10)	(−0.53)

续表

变量	Tobit (1) (Developed)	Tobit (2) (Developing)	Tobit (3) (Developed)	Tobit (4) (Developing)
	MAvalue	MAvalue	MAvalue	MAvalue
PLI			64.585*	-166.665
			(1.85)	(-1.57)
CompExp			0.958*	-2.315
			(1.72)	(-1.50)
Constant	759.381*	349.970	-1557.492*	-176.270
	(1.86)	(0.69)	(-1.79)	(-0.19)
年份	Yes	Yes	Yes	Yes
行业	Yes	Yes	Yes	Yes
Observations	1527	346	1230	242
经验 p 值	0.077*		0.088*	

Robust t-statistics in parentheses

*** p<0.01, ** p<0.05, * p<0.1

表6-17显示发达国家和发展中国家来华留学生获得中国政府奖学金与中国企业在该国并购的异质性分析。列（1）显示未添加相关控制变量时，发达国家来华留学生获得政府奖学金的系数显著为正（p<0.01），列（2）显示未添加相关控制变量时，发展中国家来华留学生获得政府奖学金的系数不显著。列（3）显示添加相关控制变量时，发达国家来华留学生获得政府奖学金的系数不显著，而列（4）显示添加相关控制变量时，发展中国家来华留学生获得政府奖学金的系数显著为正（p<0.01）。上述回归结果表明发达国家来华留学生获得中国政府奖学金对中国企业在该国并购没有显著影响，而发展中国家来华留学生获得奖学金的比例越高，越有利于中国企业在该国实施并购。经由 Chow 检验得到的经验 p 值证实了上述差异在统计上的差异性，均在10%水平上显著。

表6-17　发达国家和发展中国家来华留学生获得中国政府奖学金的分组检验

变量	Tobit (1) (Developed)	Tobit (2) (Developing)	Tobit (3) (Developed)	Tobit (4) (Developing)
	MAvalue	MAvalue	MAvalue	MAvalue
Scholarship	12.466***	4.202	10.022	19.042***
	(2.59)	(1.26)	(1.47)	(3.79)
GDPgrowth			-14.018	2.970
			(-1.18)	(0.22)
lnGDP			-0.561	59.795*
			(-0.04)	(1.69)
Rate			-0.085	-0.071
			(-1.32)	(-0.91)
Trade			-0.443	-1.249
			(-1.13)	(-1.19)
PGDP			0.005**	0.016**
			(2.54)	(2.11)
Resources			-83.209	629.197***
			(-0.79)	(3.14)
Tax			-0.631	5.409
			(-0.44)	(1.64)
Institutions			-61.359	-79.637
			(-1.01)	(-0.83)
Related			9.114	-45.344***
			(1.39)	(-2.78)
Tender			-53.700	-95.586
			(-0.96)	(-0.59)

续表

变量	Tobit (1) (Developed)	Tobit (2) (Developing)	Tobit (3) (Developed)	Tobit (4) (Developing)
	MAvalue	MAvalue	MAvalue	MAvalue
PLI			59.584*	-168.407
			(1.70)	(-1.64)
CompExp			1.006*	-1.236
			(1.80)	(-0.81)
Constant	72.438	47.240	497.362	-1,988.062*
	(1.20)	(0.10)	(0.87)	(-1.91)
年份	Yes	Yes	Yes	Yes
行业	Yes	Yes	Yes	Yes
Observations	1516	345	1218	239
经验 p 值	0.068*		0.090*	

Robust t-statistics in parentheses

*** p<0.01, ** p<0.05, * p<0.1

（二）国有企业和民营企业的分组检验

如前文所述，国有企业是建设中国特色社会主义市场经济的重要参与者，与民营企业共同参与跨国并购和国际竞争，成为中国企业走出国门的重要力量。由于中国国有企业的特殊身份，许多国家认为中国国有企业并非完全的市场主体，并购时常受到东道国更为严格的审查。叶淑兰（2020）根据对留学生的1532份调查问卷，显示中国经济的快速发展是吸引留学生来华学习最为重要的因素。留学生来华后会对中国的世界经济大国地位有比较客观的认识，对中国以公有制经济为主体、多种所有制经济共同发展的经济体制有更多的认识。

因此，本章引入发达国家和发展中国家做区分考察。

表6-18显示东道国来华留学生规模对于中国国有企业和民营企业在该国并购规模的异质性影响。列（1）显示未添加相关控制变量时，来华留学生规

模对国有企业并购规模的影响系数不显著，列（2）显示未添加控制变量时，来华留学生规模对民营企业并购规模的影响系数显著为负（$p<0.01$）。列（3）回归结果显示添加相关控制变量后，来华留学生规模对国有企业并购规模的影响系数也不显著，回归结果表示来华留学规模扩大对国有企业的跨国并购无显著影响。列（4）结果显示加入相关控制变量后，来华留学生规模对民营企业并购规模的影响系数仍显著为负（$p<0.01$）。上述回归结果表示来华留学规模对民营企业的跨国并购规模有显著抑制作用，而对国有企业的跨国并购无显著影响。经由 Chow 检验得到的经验 p 值证实了上述差异在统计上的差异性，均在1% 水平上显著。

表6-18 留学生规模对国有企业和民营企业跨国并购的分组检验

变量	Tobit （1） （Gov）	Tobit （2） （Priv）	Tobit （3） （Gov）	Tobit （4） （Priv）
	MAvalue	MAvalue	MAvalue	MAvalue
Student	-0.077	-0.340***	-0.300	-0.917***
	（-0.61）	（-3.32）	（-0.57）	（-4.57）
GDPgrowth			28.370	-5.180
			（1.25）	（-0.57）
lnGDP			23.699	62.456***
			（0.44）	（2.93）
Rate			-0.007	0.018
			（-0.05）	（0.32）
Trade			-0.028	-0.137
			（-0.03）	（-0.31）
PGDP			0.004	0.004**
			（1.32）	（2.34）
Resources			170.923	20.295
			（0.85）	（0.24）

续表

变量	Tobit （1） （Gov）	Tobit （2） （Priv）	Tobit （3） （Gov）	Tobit （4） （Priv）
	MAvalue	MAvalue	MAvalue	MAvalue
Tax			−3.192	−1.480
			（−1.30）	（−1.08）
Institutions			−76.241	−217.766***
			（−0.82）	（−4.35）
Related			12.875	−11.514
			（1.11）	（−1.60）
Tender			−5.859	−72.593
			（−0.06）	（−1.24）
PLI			−8.972	57.769
			（−0.16）	（1.45）
CompExp			1.755**	1.275*
			（2.47）	（1.74）
Constant	−178.959	944.543**	−896.059	−135.462
	（−0.57）	（2.12）	（−0.74）	（−0.21）
年份	Yes	Yes	Yes	Yes
行业	Yes	Yes	Yes	Yes
Observations	1673	160	1337	105
经验 p 值	0.000***		0.000***	

Robust t−statistics in parentheses

***p<0.01, ** p<0.05, * p<0.1

表6−19显示东道国来华留学生获得政府奖学金对于中国国有企业和民营企业在该国并购规模的异质性分析。列（1）显示未添加相关控制变量时，来华留学生获得政府奖学金对国有企业并购规模的影响系数不显著，列（2）显示未加入相关控制变量时，来华留学生获得政府奖学金对民营企业并购规模

的影响系数显著为正（$p<0.01$）。列（3）的回归结果显示添加相关控制变量时，来华留学生获得政府奖学金对国有企业并购规模的影响系数也不显著，表明东道国来华留学生获政府奖学金比例对国有企业在该国并购无显著影响；而列（4）的回归结果显示加入相关控制变量后，来华留学生获得政府奖学金对民营企业并购规模的影响系数仍显著为正（$p<0.01$），回归结果表明东道国来华留学生获政府奖学金比例对民营企业跨国并购有显著的促进作用。扩大东道国来华留学生获政府奖学金比例对中国民营企业跨国并购影响显著，而对国有企业无显著影响。经由 Chow 检验得到的经验 p 值证实了上述差异在统计上的差异性，均在1% 水平上显著。

表6-19　获中国政府奖学金对国有企业和民营企业跨国并购的分组检验

变量	Tobit （1） （Gov）	Tobit （2） （Priv）	Tobit （3） （Gov）	Tobit （4） （Priv）
	MAvalue	MAvalue	MAvalue	MAvalue
Scholarship	-2.717	10.166***	-5.171	19.024***
	（-0.53）	（4.80）	（-0.81）	（5.88）
GDPgrowth			30.306	-10.817
			（1.32）	（-1.20）
lnGDP			-6.729	19.352
			（-0.31）	（1.28）
Rate			-0.084	-0.108**
			（-1.17）	（-2.23）
Trade			-0.420	-0.241
			（-0.71）	（-0.57）
PGDP			0.004	0.005**
			（1.50）	（2.39）
Resources			127.073	36.754
			（0.64）	（0.43）

续表

变量	Tobit (1) (Gov)	Tobit (2) (Priv)	Tobit (3) (Gov)	Tobit (4) (Priv)
	MAvalue	MAvalue	MAvalue	MAvalue
Tax			−3.242	0.151
			(−1.34)	(0.11)
Institutions			−77.103	−121.880**
			(−0.83)	(−2.44)
Related			11.421	−12.657*
			(0.98)	(−1.77)
Tender			−3.140	−91.554
			(−0.03)	(−1.57)
PLI			−15.219	45.000
			(−0.27)	(1.14)
CompExp			1.805**	1.515**
			(2.55)	(2.08)
Constant	−219.274	590.719	−250.579	39.845
	(−0.72)	(1.36)	(−0.39)	(0.06)
年份	Yes	Yes	Yes	Yes
行业	Yes	Yes	Yes	Yes
Observations	1673	160	1337	105
经验 p 值	0.000***		0.000***	

Robust t−statistics in parentheses

*** p<0.01, ** p<0.05, * p<0.1

（三）高科技企业和传统企业回归的分组检验

如前所述，中国企业实施跨国并购一方面是并购东道国的传统企业，将国内过剩的产能转移出去，实现更大的规模化经营，降低生产成本；另一方面通过跨国并购东道国的高科技企业，获得战略性资源，提升企业的国际竞争力，实现产业的转型升级。中国企业并购高科技企业的对象都是以美国为首，及其盟国欧洲、加拿大、日本、韩国等发达国家，一方面这些国家的来华留学生基于其本国自由民主价值标准形成的观念性结构，对中国的总体评价比较负面，另一方面中国企业在这些国家并购高科技企业面临着东道国更多的甚至不友好的审查和限制。因此，本章引入高科技企业和传统企业做区分考察。

表6-20显示东道国来华留学生规模对于中国企业在该国高科技企业和传统企业并购规模的影响。列（1）显示未添加相关控制变量时，来华留学规模对高科技企业并购规模的影响系数显著为负（$p<0.01$），列（2）显示未添加相关控制变量时，来华留学规模对传统企业并购规模的影响系数不显著。列（3）显示加入相关控制变量后，来华留学规模对高科技企业并购规模的影响系数显著为负（$p<0.01$），列（4）显示在加入相关控制变量后，来华留学规模系数同样不显著。上述回归结果表示来华留学规模越大，对于中国高科技企业跨国并购越不利。如前文所述，可能高科技行业作为保持国家竞争优势来源，东道国始终会出于保护国家利益而对外资的并购进行严格的审批和限制。

同样，当采用被并购公司是否属于高科技公司进行分组时，虽然Hightech组的系数显著为负（$p<0.01$），而Nohightec组的系数不显著，但经验p值表明二者的差异并未达到10%的水平，若仅通过比较两组的系数的显著性或系数大小推断得出上述结果可能比较武断。

表6-20 留学生规模对高科技企业和传统企业跨国并购的分组检验

变量	Tobit （1） （Hightech）	Tobit （2） （Nohightec）	Tobit （3） （Hightech）	Tobit （4） （Nohightec）
	MAvalue	MAvalue	MAvalue	MAvalue
Student	-0.463^{***}	0.003	-1.959^{***}	−0.031
	（−2.65）	（0.04）	（−5.03）	（−0.19）
GDPgrowth			1.086	−4.828
			（0.07）	（−0.64）
lnGDP			152.747^{***}	5.570
			（3.65）	（0.32）

续表

变量	Tobit (1) (Hightech)	Tobit (2) (Nohightec)	Tobit (3) (Hightech)	Tobit (4) (Nohightec)
	MAvalue	MAvalue	MAvalue	MAvalue
Rate			0.044	-0.009
			(0.39)	(-0.19)
Trade			-0.210	0.084
			(-0.24)	(0.25)
PGDP			0.010***	0.004**
			(2.73)	(2.57)
Resources			12.424	-4.678
			(0.08)	(-0.07)
Tax			-4.116	-0.354
			(-1.56)	(-0.33)
Institutions			-425.352***	-87.222**
			(-4.42)	(-2.30)
Related			-18.938	-1.585
			(-1.35)	(-0.29)
Tender			-65.566	-74.232
			(-0.63)	(-1.44)
PLI			-62.213	-22.249
			(-0.92)	(-0.60)
CompExp			-0.356	39.556***
			(-0.43)	(3.41)
Constant	36.116	585.338*	-2,605.530***	376.338
	(0.07)	(1.91)	(-2.62)	(0.75)
年份	Yes	Yes	Yes	Yes
行业	Yes	Yes	Yes	Yes
Observations	490	1394	350	1129
经验 p 值	0.251		0.645	

Robust t-statistics in parentheses

*** p<0.01, ** p<0.05, * p<0.1

表6–21显示东道国来华留学生获得政府奖学金对于中国高科技或传统企业在该国并购规模的异质性分析。列（1）和列（3）均显示来华留学生获得政府奖学金对高科技企业并购规模的影响系数显著为正（p<0.05），表示东道国来华留学生获政府奖学金比例对促进高科技企业对该国并购有显著促进影响。列（2）和列（4）的回归结果均显示来华留学生获得政府奖学金对传统企业并购规模的影响系数均显著为正（p<0.01），表明东道国来华留学生获政府奖学金比例对传统企业对该国并购有显著的促进作用。同样，当采用被并购公司是否属于高科技公司进行分组时，虽然Hightech组的系数大于Nohightec组的系数，但经验p值表明二者的差异并未达到10%的水平，若仅通过比较两组的系数的显著性或系数大小推断得出上述结果可能比较武断。

表6–21　获中国政府奖学金对高科技企业和传统企业跨国并购的分组检验

变量	Tobit （1） （Hightech）	Tobit （2） （Nohightec）	Tobit （3） （Hightech）	Tobit （4） （Nohightec）
	MAvalue	MAvalue	MAvalue	MAvalue
Scholarship	9.059**	5.201***	17.971***	10.524***
	（2.44）	（2.71）	（2.90）	（4.00）
GDPgrowth			–7.138	–4.515
			（–0.42）	（–0.61）
lnGDP			25.830	12.291
			（0.87）	（1.11）
Rate			–0.216**	–0.012
			（–2.11）	（–0.33）
Trade			–1.195	0.273
			（–1.37）	（0.90）
PGDP			0.008**	0.004***
			（2.22）	（2.71）

续表

变量	Tobit (1) (Hightech)	Tobit (2) (Nohightec)	Tobit (3) (Hightech)	Tobit (4) (Nohightec)
	MAvalue	MAvalue	MAvalue	MAvalue
Resources			28.406	15.366
			(0.18)	(0.23)
Tax			-1.739	-0.026
			(-0.66)	(-0.02)
Institutions			-274.530***	-60.872
			(-2.82)	(-1.61)
Related			-18.159	-1.529
			(-1.27)	(-0.29)
Tender			-33.886	-91.627*
			(-0.32)	(-1.79)
PLI			-74.103	-25.984
			(-1.08)	(-0.70)
CompExp			-0.328	38.742***
			(-0.39)	(3.37)
Constant	9.059**	5.201***	17.971***	10.524***
	(2.44)	(2.71)	(2.90)	(4.00)
年份	Yes	Yes	Yes	Yes
行业	Yes	Yes	Yes	Yes
Observations	486	1,375	346	1111
经验 p 值	0.156		0.438	

Robust t-statistics in parentheses

*** p<0.01, ** p<0.05, * p<0.1

第六节　本章小结

中国政府重视吸引世界各国学生来华留学，推出“留学中国计划”，着力扩大留学生规模的同时，注重提升留学生的质量，期望通过留学生教育，让更多的人了解、热爱、宣传中国文化，让留学生成为中国国家形象的宣传员，促进两国的政治互信。本章的研究结果发现，首先，东道国来华留学生规模的扩大不会促进中国企业在该国并购规模，反而会降低中国企业在该国的并购规模，增加了中国企业的并购溢价，并且降低了中国企业的并购成功率。对于这个结论，本章认为前述分析提到中国2009—2018年十年间来华留学生人数增长了3.5倍，并且非学历生占到留学生总人数的近一半，中国推行高等教育国际化还处于追求数量的阶段，对留学生的质量没有更严格的要求，部分留学生只是通过留学签证获得在中国停留的机会，或出于镀金的需要到中国留学，留学生的质量并不高，使得在中国的学习大多流于形式，导致留学教育培育政治互信的理念和目标还没有落到实处。

其次，作为获得中国政府奖学金的优秀来华留学生，研究发现东道国来华留学生获得政府奖学金学生数占该年度该国来华留学学生总人数的比例越高，虽然并购成功率没有显著提高，但显著扩大了中国企业在该国的并购规模，降低了中国企业并购时支付的并购溢价，并且对民营企业的跨国并购更为有利。东道国派遣优秀学生来中国学习的比例越高，一方面说明东道国国民对中国包括教育在内的综合实力的认可，两国的关系相对更加融洽，另一方面这些优秀的来华留学生通过在华期间的学习生活，进一步加深了对中国的认识和理解，形成和建立了对中国的感情偏好，并将这种感情偏好传递回国内，影响东道国国民和政府对中国的形象感知，增进了双方的互信。

再次，发达国家和发展中国家来华留学生获中国政府奖学金的比例对中国企业在该国并购的影响大相径庭，对发达国家而言，来华留学生获中国政府奖学金对中国企业在该国实施并购没有显著影响，而发展中国家获中国政府奖学金显著促进了中国企业的跨国并购。本章认为，留学生来自不同国家，他们对中国的评价受到母国的国家利益、文化价值观等多方面因素的影响，因此发达国家和发展中国家的留学生来华后的体验和评价差异很大。发达国家的来华留学生由于其母国较高的经济、文化和法治水平，加之西方长期以来的意识形态、文化偏见和负面宣传报道，使得留学生来华前就有先入为主的观念，留学教育并没有很好地转变他们对中国的刻板印象。相对于发达国家，发展中国家的留学生对中国相对于其母国快速发展的经济和安全稳定的社会环境印象会更深刻，更容易通过留学的经历形成或加深对中国的正面印象。

最后，本章选取双方“是否签订双边互认学历协议”作为工具变量进行稳健性检验，检验结果主要结论未发生改变，内生性未影响到本章主要结果的稳健。

第七章

研究结论与政策建议

第一节　研究结论

本书研究政治互信对中国企业跨国并购行为的影响，对于政治互信，从双方形成和强化长期往来的信誉机制，即中国与其他国家建交的历史友好关系，双方形成或具有某种契约关系，即当前双方在响应和参与“一带一路”建设等国际事务的友好互信，双方培育和建立的感情偏好，即面向未来的以留学生教育提升文化软实力培育政治互信等三个维度构建政治互信的理论框架，来考察政治互信对中国企业实施跨国并购的影响。

首先，中国与东道国建立外交关系对中国企业跨国并购的影响。研究发现中国与东道国建立外交关系的时间越长，越有利于中国企业在东道国实施跨国并购，跨国并购的成功率越高。同时，两国友好的外交往来时间越长，也越有利于双方加深彼此之间的了解和信任，使得中国企业在东道国的跨国并购接受的审批时间越短，降低了中国企业在东道国并购的时间成本。同时，东道国与中国建交时间越长，在世贸组织对中国发起的反倾销诉讼越少；东道国与中国建交时间越长，两国互设的领事馆数量也越多，更有利于中国企业在跨国并购时提供认证、签证、公证、安全提醒、当地资讯等服务。建交时间越长，越有利于国有企业的跨国并购。

其次，“一带一路”倡议的提出不仅增进了中国与共建国家的政治互信，也推动了中国企业向共建国家的并购。“一带一路”备忘录的签订对中国企业在共建国家的并购规模有显著的正向作用，提升了中国企业的并购成功率，降低了中国企业的并购溢价。研究发现“一带一路”备忘录签署后，双方官员的互访量显著增加，促进友好的关系，更加强化双方的政治互信。同时，中国与签订国之间的贸易往来也更加频繁，贸易联系更加紧密；文化产业作为国家软实力的重要体现，在签署备忘录后，中国的文化商品的出口也显著增长，促进东道国人民加深对中国的了解，增进两国之间的友好和互信。

最后，作为价值观等文化软实力输出以培育政治互信的留学生教育对中国企业跨国并购的影响，研究发现，可能由于中国目前的留学生教育尚处于追求数量的阶段，因此对留学生的质量没有更严格的要求，留学生在中国的学习和管理并不严格，并没有达到留学生教育的理想效果。东道国来华留学生规模的扩大不但不会促进中国企业在该国并购规模，反而会降低中国企业在该国并购规模，增加中国企业的并购溢价，并且降低中国企业的并购成功率。其次，发达国家和发展中国家的留学生来华后的体验和评价差异很大，发达国家的来华留学生基于其母国长期以来的意识形态、文化偏见和负面宣传报道，留学教育并没有很好地转变他们对中国的观念，即使获得中国政府奖学金的发达国家来华留学生，也难以改变对中国的刻板形象，不利于中国企业在该国实施并购。但是，素质较高的获得中国政府奖学金的发展中国家来华留学生群体人数占该年度该国来华留学生总人数的比例越高，中国企业在该国并购规模越大，在该国并购企业将付出较低的并购溢价。这个结论提示我们在留学生招收时不能单纯地追求数量规模，要更加注重留学生的质量，优秀的来华留学生更有利于通过留学生教育形成和加深对中国的良好印象，成为搭建两国政治互信的桥梁。

第二节　政策建议

一、加强政策引导，完善公共服务平台

近年来我国跨国并购发展迅速，但也产生了非理性投资和资本外流等问题，国家相关部门陆续出台了一系列文件，如国家发改委发布了《企业境外

投资管理办法》，财政部和国家税务总局联合发布了《关于完善企业境外所得税收抵免政策问题的通知》，国家发改委等四部委出台了引导跨国投资方向的指导意见等，这些政策文件极大地规范了中国企业跨国并购。相对于主要发达国家，中国对跨国并购的法律支持还比较薄弱，二战后美国企业实力雄厚，跨国并购猛增，为充分保障美国企业跨国并购利益，其先后制定了《经济合作法》《对外援助法》《共同安全法》等法律以加强对跨国投资的保护。20世纪60年代后日本经济崛起，伴随着日本企业跨国并购的增长，日本政府也先后制定了《进出口交易法》《贸易保险法》《外汇和外贸管理办法》等法律支持日本企业的跨国并购和海外发展。随着中国企业跨国并购的不断增加和中美贸易摩擦的加剧和持久，国家相关部门需要在积极支持国内企业“走出去”的同时，更注意在投资方式、投资行业和投资后管理等方面的引导。

这种引导一是对跨国并购产业和区位选择的指引，二是政府部门经常性收集整理和发布跨国并购的信息。中国的驻外机构、贸易促进会和各种行业协会可以提供并不断更新东道国相关的政治、经济、法律、金融和社会文化信息，为中国企业跨国并购提供决策参考。政府可以设立培训机构，为跨国经营的企业提供跨国并购和国际化经营的管理人才。通过不断完善企业对外投资的公共服务平台，加快完善对外投资风险防范体系，引导企业对外投资方向，加强并购前、并购中和并购后的全过程监管，降低企业跨国并购监管负担，优化不符合国际惯例或交易时间需求的流程。

二、调整投资结构，稳步推进“一带一路”合作

“一带一路”倡议自实施以来，为中国企业跨国并购创造了新的机遇，虽近年来中国经济逐步放缓，但中国政府表示鼓励有实力、有条件的中国企业对外投资的政策没有变，特别是对“一带一路”、国际产能合作，对有利于国内产业升级，包括东中西产业梯度发展的对外投资。经过四十多年经济高速发展的积累，我国企业在品牌、技术和管理方面已有了长足的进步，部分产业可以与同行业外资企业竞争，甚至拥有了比较优势，具备了较强的国际竞争力。因此向“一带一路”共建的大多数发展中国家企业投资拥有较强的技术优势，特别是机械制造、金属冶炼、家用电器、轻工纺织等产业，这些技术优势对于“一带一路”共建的发展中国家而言属于需要的先进技术，并且

中国同为发展中国家，在技术运用、生产管理等方面积累了相适应的管理经验，这些经验也对“一带一路”共建发展中国家适用。

通过对“一带一路”地区的跨国并购可以进一步打开国际市场，提高我国相关产业的世界市场占有率。与此同时，调整跨国投资结构，进一步完善跨国投资的中长期制度建设，一方面可推进投资便利化，另一方面可优化跨国投资的行业分布和投资方向，鼓励高科技产业和实体经济对外投资，遏制房地产、酒店、体育、娱乐等行业的非理性对外投资。

三、加强国际协调，创造有利国际环境

随着国际分工的日趋深化，全球贸易和生产体系迅速发展，世界各国经济的相互依存度日益加深，任何国家发生的问题必然波及其他国家和地区，从2008年到2021年十余年之间，连续两次金融危机迅速波及和传导到世界各国就是最好的例子。全球化对世界经济做出巨大贡献的同时，也带来极大的风险和挑战，首当其冲的就是世界经济发展更加不平衡，发展中国家和发达国家的差距不算扩大，发达国家的全球经济主动权和话语权进一步加强。发展中国家面临着既要发展经济又要保护资源和环境的压力，以美国为首的部分发达国家为最大化本国利益，贸易保护主义开始抬头，逆全球化的思潮开始出现。中国是全球化最大的受益者之一，作为世界第二大经济体，要更加重视国际协调的作用，争取在世界贸易组织、国际货币基金组织、世界银行等国际组织中推动经济一体化、构建公平合理的国际经济金融体系，发挥更大的作用。国与国之间的双边或多边投资协定对企业在跨国并购和日后的经营当中产生的纠纷有很大调解作用，甚至是企业在进行跨国并购时的重要参考，双边或多边投资协定可以为企业创造跨国并购的安全环境。

中国企业进行跨国并购的东道国既有发达国家，也有发展中国家，近年来跨国并购增长迅速的“一带一路”国家大都是发展中经济体，法律体系大都不够完善，对国外投资保护措施不够健全，政治风险也较大。通过签订双边或多边投资协定可以更好地保护中国企业的合法权益，避免因东道国的政治风险造成的巨大损失，通过政府之间的国际协调保障中国企业跨国并购的整体利益，从而维护国家的战略利益。中国已与世界上一百多个国家和地区签订了国际税收协定，与东道国签订国际税收协定，可以避免国际重复征税，

也加强了并购过程中的税务监管，有利于减轻并购企业的税务负担。在经济全球化的同时，不断加强区域经济一体化，自由贸易区对促进区内贸易与投资发展具有重要作用，促进成员之间的生产要素流动相互投资。随着近年来中国企业跨国并购的快速增长，并购产业和并购目的地区不断扩大，需要中国政府进一步拓展双边或多边税收投资协定。

四、完善留学生教育，提升文化软实力

留学生教育对于提升国家软实力、推动两国交往有重大意义。从全球看，留学生都是向往到比母国更发达的国家求学，中国在经济水平持续提升的同时，应进一步完善留学生教育体系，吸引更多的外国学生来华求学。首先，在“双一流”建设的背景下，建设有特色的名牌专业，打造有中国特色的学科专业；提升科研国际化水平，吸引高层次的留学生来华。其次，完善留学生奖学金制度，拓展办学资源和渠道，鼓励非政府的资源投入，让企业、社会团体、知名人士等投入设立留学生奖学金。最后，加强留学生教育的对外宣传，利用互联网平台、海外华人华侨、国际教育展览等平台发布留学信息，让国外学生更多了解中国大学的情况。

同时，加快推进社会主义现代化强国建设，物质基础、经济水平和科技实力是国家综合实力的体现，是大国底蕴所在，是塑造良好国家形象的基本前提。部分发达国家留学生对中国印象不好不仅来自其母国的话语霸权，也来自中国过去两百多年屈辱的历史。改革开放短短四十多年的时间，中国取得的经济成就已为各国赞叹，也是来华留学生快速增长的主要原因。提升文化软实力，必须加快推进社会主义现代化建设。

五、拓展融资方式，为企业跨国并购经营提供融资支持

跨国并购涉及的金额巨大，是否有充足的资金来源是跨国并购的基本保障。企业要充分利用国际金融市场和货币市场贷款，对于一些盈利较快和并购时间较短的项目，可以通过国际金融市场和货币市场快速取得所学资金，但国际金融市场和货币市场存在利率较高利率波动大的特点。因此，对于金额较大或并购周期较长的项目，企业要积极利用国内银行贷款。国内银行的贷款渠道一是向国家开发银行、进出口银行等政策性银行贷款，二是向商业

银行贷款。相比商业银行，政策性银行贷款更倾向于大型国有企业，且审核机制更为严格，程序烦琐导致审核时间较长，不利于企业把握跨国并购的时间。政策性银行应破除对企业规模的资金支持偏好，充分考虑企业跨国并购经营的成长性和可持续发展能力，支持真正有实力和发展潜力的企业跨国并购，发挥支持中国企业“走出去”的促进作用。

此外，政府应加大财政资金支持的力度，除国家层面的专项财政基金外，鼓励经济实力较强的省份，特别是对外投资活跃的沿海省份建立省级专项财政基金支持企业跨国并购经营，并不断吸引社会资金加入，逐步建立以财政资金为引导、以社会资金为主导的跨国项目投资体系。

六、把握并购时机，做好并购企业选择

企业实施跨国并购应当着眼于长期的战略目标，从全球范围来考虑原材料、人力资源、资金、品牌等生产要素，利用经济发展的周期性去获得有价值的技术、营销渠道以及品牌，不断优化资源配置，实现并购价值的最大化。2008年美国的次贷危机引发了全球金融危机，中国企业把握此次全球资产价值洼地的机会逆势而动，当年实现并购302亿美元，同比增长379.4%，创造了中国企业跨国并购的一个高峰。如2008年中国银行以每股190.49欧元，总计2.363亿欧元的价格收购法国洛希尔银行20%的股权并成为其第二大股东。此次并购不仅给中国银行带来合理的投资回报，还可以引进洛希尔银行先进的产品、技术和经验，促进中国银行产品开发能力和国际化运作水平，提高中国银行在私人银行和资产管理等领域的实力，有助于拓展欧洲和其他新兴市场，符合中国银行的战略发展方向。除国有企业外，民营企业也颇有收获，如福建双飞日化公司以800万美元收购了美国老牌化妆品“Body & Earth”和“Green Canyon Spa”及其销售渠道。疫情以来全球经济仍然处于长周期的深度调整阶段，经济增长缓慢，中国经济从高速发展转向中高速发展，从粗放式发展到追求高质量发展，应鼓励中国企业把握机遇，再次掀起“走出去”的高潮。

在正确把握并购时机的同时，企业应当审慎地选择并购目标企业，制订跨国并购战略计划，研究区位和功能布局，充分考虑并购目标企业是否有利于企业的长远发展，是否拥有企业需要的战略性资源，是否有能力对并购目

标企业进行整合，并对目标企业的国家环境和内部条件进行分析和评估，充分考虑影响并购的内外部因素。

七、培养跨国并购和经营人才

企业实施跨国并购，开展国际化经营，国际化人才是关键。麦肯锡咨询公司开展的一项中国企业调查显示，75%的受访公司表示因缺少有国际经验的高管阻碍了企业的跨国扩张计划，增加了跨国并购的难度。麦肯锡咨询公司称中国企业的跨国并购增长迅速，远高于印度等其他发展中国家，但中国企业表示在跨国目标市场招募高管难度大，常常缺少交易完成后执行并购所需的技能，只有50%的受访中国企业表示渴望成为跨国企业，而同类研究数据显示有79%的印度公司和63%的拉美公司期望成为跨国企业。中国企业要提升跨国并购的价值，实现国际化经营的目标必须培养熟悉国际标准，具有国际资质的跨国并购和经营的人才。一方面要加强跨国并购团队的建设，培养一批精通国外政治、经济、文化的技术人才、经济人才、法律人才等组织的跨国并购项目团队；另一方面要培养一支跨国经营管理的人才团队，选派一些熟悉业务、懂得经营管理、熟悉东道国语言和文化的员工到海外公司学习锻炼，在实践中培养一支跨国经营管理人才队伍。

第三节　研究局限与展望

本文在时间维度上从过去、现在、未来三个方面分别从外交关系、签订“一带一路”备忘录、留学教育三个角度研究政治互信对跨国并购的影响，但研究也存在一定不足，也是未来进一步研究的方向。

首先，本文研究的对象是政治互信对中国企业跨国并购的影响，但政治互信是一种相互行为，既有中国企业对外并购，也有外国企业对中国企业的并购，政治互信是否在促进中国企业跨国并购的同时，也促进了外国企业对中国的跨国并购，这是今后可以尝试研究之处。此外，如留学教育，既有中国招收的外国留学生，也有中国学生出国留学，未来可以从中国学生出国留学的视角进一步研究对政治互信的影响。

其次，在并购绩效方面，本文仅研究了并购的短期绩效即企业的并购溢价，但只有通过上市公司公开的股票价格可以获得溢价的数据，只有放弃对非上市公司的研究，这也导致数据量存在不足。本文在研究外交关系对跨国并购的影响时，在剔除无效样本后，囿于数据量太少，只有放弃对并购溢价的分析。此外要深入了解政治互信对跨国并购的影响，还需要进一步研究并购后的长期绩效，即并购后三到十年对企业经营所带来的影响。对长期绩效的研究，主要难度在于收集非上市公司的数据，这是一个难点，也是未来很有价值的一个研究点。

再次，本书从信誉机制的构建、形成或具有某种契约关系、培养和形成感情偏好三个维度出发，并分别选取三个变量进行研究。但政治互信的内涵更为广阔，不仅有政治交往，也有经济往来和人文交流等方面。如外交关系方面，既有建交，也有断交，还有断交后复交；“一带一路”方面，中国与相关国家有战略伙伴关系、合作伙伴关系、全面战略伙伴关系、战略协作关系等多层次关系，如何度量各种关系与两国之间的政治互信？未来可从这些方面进行深入挖掘，可构建一个政治互信指数。

参考文献

一、中文文献

[1] 教育部国际合作与交流司 . 来华留学简明统计 [M]. 北京：教育部国际合作与交流司 . 2018.

[2] 史建三 . 跨国并购论 [M]. 上海：立信会计出版社 , 1999.

[3] 叶淑兰 . 留学生教育与中国软实力 [M]. 天津：天津人民出版社 , 2020.

[4] 岳敏 . 来华留学与中国对“一带一路”共建国家直接投资的实证研究 [M]. 北京：北京外国语大学 , 2018.

[5] 蔡宗模 , 杨慷慨 , 张海生 , 等 . 来华留学教育质量到底如何——基于 C 大学“一带一路”来华留学教育的深描 [J]. 清华大学教育研究 , 2019(4).

[6] 柴庆春 , 路添雨 . 中国对外直接投资的贸易效应研究——基于对东盟和欧盟投资的差异性的考察 [J]. 世界经济研究 , 2012(6).

[7] 陈共荣，毛雯 . 我国上市公司跨国并购绩效的实证研究 [J]. 求索 , 2011(12).

[8] 陈强 , 郑慧强 . 留学生教育发展的思考 [J]. 教育发展研究 , 2008(1).

[9] 陈强 . 改革开放 30 年来华留学研究生教育的回顾与思考 [J]. 学位与研究生教育 , 2008(6).

[10] 陈全生 . 来华留学生教育发展战略研究 [J]. 上海管理科学 , 2007(1).

[11] 陈仕华 , 姜广省 , 卢昌崇 . 董事联结、目标公司选择与并购绩效——基于并购双方之间信息不对称的视角 [J]. 管理世界 , 2013(12).

[12] 陈晓芳 , 魏景赋 . 并购经验对我国上市公司跨国并购行为的影响研究 [J]. 农村经济与科技 , 2015(1).

[13] 戴东红 . 中美两国近年留学生教育发展的比较研究——基于 2008—2014 年的数据分析 [J]. 教育学术月刊 , 2015(12).

[14] 董立均 . 论我国来华留学生教育的成就、挑战及对策兼论“纲要目标”实现的可能性 [J]. 大学教育科学 , 2014(4).

[15] 方慧 , 赵胜立 . 跨国并购还是绿地投资 ?——对“一带一路”国家 OFDI 模式的考察 [J]. 山东社会科学 , 2017(11).

[16] 方慧 , 赵甜 . 中国企业对“一带一路”国家国际化经营方式研究——基于国家距离视角的考察 [J]. 管理世界 , 2017(7).

[17] 付婷婷 , 陈克强 . 战略并购目标企业选择的多目标决策模型 [J]. 北方经济 , 2007(20).

[18] 巩雪 , 熊峰 . 来华留学生教育的对外投资驱动效应研究 [J]. 南京理工大学学报 (社会科学版), 2018(3).

[19] 谷媛媛 , 邱斌 . 来华留学教育与中国对外直接投资——基于“一带一路”共建国家数据的实证研究 [J]. 国际贸易问题 , 2017(4).

[20] 顾露露 , Roberet R.. 中国企业海外并购失败了吗? [J]. 经济研究 , 2011(7).

[21] 郭杰 , 黄保东 . 储蓄、公司治理、金融结构与对外直接投资：基于跨国比较的实证研究 [J]. 金融研究 , 2010(2).

[22] 郭烨 , 许陈生 . 双边高层会务与中国在“一带一路”共建国家的直接投资 [J]. 国际贸易问题 , 2016(2).

[23] 郭玉贵 . 从对美国来华留学生教育分析探索教育国际化的创新机制 [J]. 世界教育信息 , 2012(7).

[24] 贺书锋 , 郭羽诞 . 中国对外直接投资区位分析 : 政治因素重要吗 ?[J]. 上海经济研究 , 2009(3).

[25] 贺娅萍 , 徐康宁 .“一带一路”共建国家的经济制度对中国 OFDI 的影响研究 [J]. 国际贸易问题 , 2018(1).

[26] 胡健 . 文化软实力研究：中国的视角 [J]. 社会科学 , 2011(5).

[27] 胡瑞 , 余赛程 .“一带一路”共建国家来华留学生教育结构评价与发展策略 [J]. 河北师范大学学报 (教育科学版), 2018(5).

[28] 胡仲勋 . 高等教育学术质量保障的三种机制——基于发达国家实践的考察 [J]. 高等教育研究 , 2016(6).

[29] 黄保东 . 中国企业对外直接投资模式和绩效的研究述评 [J]. 教学与研

究, 2010(4).

[30] 黄忠 . 留学生公共外交探析 [J]. 公共外交季刊, 2015(3).

[31] 贾兆义 . 来华国际学生跨文化适应支持系统构建研究 [J]. 宁波大学学报 (教育科学版), 2017(1).

[32] 蒋冠宏, 蒋殿春 . 中国对外投资的区位选择 : 基于投资引力模型的面板数据检验 [J]. 世界经济, 2012(9).

[33] 蒋冠宏 . 我国企业跨国并购真的失败了吗?——基于企业效率的再讨论 [J]. 金融研究, 2017(4).

[34] 蒋冠宏 . 制度差异、文化距离与中国企业对外直接投资风险 [J]. 世界经济研究, 2015(8).

[35] 焦军普 . 试论国内区际贸易与对外贸易利益的关系 [J]. 经济经纬, 2005(4).

[36] 匡文波, 武晓立 . 跨文化视角下在华留学生微信使用行为分析——基于文化适应理论的实证研究 [J]. 武汉大学学报 (哲学社会科学版), 2019(3).

[37] 雷默 . 中国布局"留学外交"[J]. 南风窗, 2014(10).

[38] 黎平海, 李瑶 . 中国企业跨国并购动机实证研究 [J]. 经济前沿, 2009(10).

[39] 李冰, 黄文杰 . 中国政府奖学金生变化趋势研究——基于 1999—2018 年数据的统计分析 [J]. 云南师范大学学报 (对外汉语教学与研究版), 2020(4).

[40] 李逢春 . 中国对外直接投资推动产业升级的区位和产业选择 [J]. 国际经贸探索, 2013(2).

[41] 李进龙, 吕巍, 郭冰 . 制度约束、国家文化差异与企业跨国并购绩效——文化差异的竞争性中介作用 [J]. 上海管理科学, 2012(4).

[42] 李俊久, 丘俭裕, 何彬 . 文化距离、制度距离与对外直接投资——基于中国对"一带一路"共建国家 OFDI 的实证研究 [J]. 武汉大学学报 (哲学社会科学版):2020(1).

[43] 李立国, 胡莉芳, 周平 . 来华留学教育发展趋势与战略选择 [J]. 复旦教育论坛, 2010(1).

[44] 李强 . 中国企业战略资产寻求型跨国并购的动因及特征剖析 [J]. 北京工商大学学报 (社会科学版), 2011(2).

[45] 李善民，曾昭灶，王彩萍 . 上市公司并购绩效及其影响因素研究 [J]. 世界经济，2004(9).

[46] 李诗，吴超鹏 . 中国企业跨国并购成败影响因素实证研究——基于政治和文化视角 [J]. 南开管理评论，2016(3).

[47] 李涛 . 中国对东南亚国家来华留学生的公共外交刍议 [J]. 云南社会科学，2013(5).

[48] 李霞，廖泽芳 . 21 世纪海上丝绸之路视域下中国对外贸易与 OFDI 联动发展考察 [J]. 现代经济探讨，2018(8).

[49] 李晓曦，杨国超，饶品贵 . 交易所问询函有监管作用吗？——基于并购重组报告书的文本分析 [J]. 经济研究，2019(5).

[50] 李秀珍 . 外国留学生来华动力分析——基于韩国留学生的实例分析 [J]. 淮南师范学院学院，2009(11).

[51] 李亚波 ."一带一路"背景下企业所有制身份对海外并购的影响 [J]. 企业经济，2018(11).

[52] 李岩松 . 北京大学服务国家战略、深化对外开放、加强和改进来华留学工作情况 [J]. 世界教育信息，2016(24).

[53] 李玉琪，崔巍 . 语言社会化进程中来华留学生跨文化交际能力培养——以南亚留学生为例 [J]. 语言与翻译，2017(2).

[54] 李云鹏 . 中美两国留学生教育结构之比较 [J]. 高教发展与评估，2011(5).

[55] 廖莉茹，肖琳娟 ."一带一路"倡议下来华留学教育现状探析 [J]. 教育观察，2019(8).

[56] 刘海云，聂飞 . 中国制造业对外直接投资的空心化效应研究？ [J]. 中国工业经济，2015(4).

[57] 刘辉群，彭传立 . OFDI、逆向技术溢出与全要素能源效率——基于 PVAR 模型分析 [J]. 生态经济，2022(4).

[58] 刘康 . 国家形象塑造：讲外国人听得懂的话 [J]. 人民论坛 · 学术前沿，2012(7).

[59] 刘巍 . 高等教育的国际化发展的动因思考 [J]. 学理论，2010(9).

[60] 刘文辉，宗世海 . 华文学习者华文水平及其与中华文化的认知、认同

关系研究 [J]. 东南亚研究, 2015(1).

[61] 刘晓光, 杨连星. 双边政治关系、东道国制度环境与对外直接投资 [J]. 金融研究, 2016(12).

[62] 刘原兵. 学术资本主义语境下的留学生教育——以澳大利亚留学生预科课程为核心的考察 [J]. 高等教育研究, 2013(9).

[63] 刘运红. 新疆中亚留学生跨文化适应现状调查 [J]. 民族教育研究, 2015(3).

[64] 鲁桐. 企业的国际化——兼评中国企业的海外经营 [J]. 世界经济与政治, 1998(11).

[65] 陆德阳. 不容忽视来华留学生教育的踱金现象 [J]. 探索与争鸣, 2013(08).

[66] 陆瑶, 闫聪, 朱玉杰. 对外跨国并购能否为中国企业创造价值 ?[J]. 清华大学学报 (自然科学版), 2011(8).

[67] 陆跃伟. 文化差异视角下中亚留学生管理策略探究 [J]. 辽宁行政学院学报, 2011(9).

[68] 罗伟, 葛顺奇. 中国对外直接投资区位分布及其决定因素——基于水平型投资的研究 [J]. 经济学 (季刊), 2013(4).

[69] 吕娜. 来华留学教育的发展现状、主要问题与对策研究 [J]. 经济研究参考, 2015(22).

[70] 吕越, 陆毅, 吴嵩博, 等. "一带一路" 倡议的对外投资促进效应——基于 2005—2016 年中国企业绿地投资的双重差分检验 [J]. 经济研究, 2019(9).

[71] 孟醒, 董有德. 社会政治风险与我国企业对外直接投资的区位选择 [J]. 国际贸易问题, 2015(4).

[72] 孟醒. 企业对外投资如何响应 "一带一路" 倡议: 闻风而动还是谋定而后动 ?[J]. 世界经济研究, 2021(5).

[73] 缪毓烨. 公共外交视域下来华留学生教育研究——基于上海交大留学生抽样调查的分析 [J]. 经济视角 (下旬刊), 2011(11).

[74] 牛华, 毕汝月, 蒋楚钰. 中国企业对外直接投资与 "一带一路" 共建国家包容性增长 [J]. 经济学家, 2020(8).

[75] 潘镇, 金中坤. 双边政治关系、东道国制度风险与中国对外直接投资

[J]. 财贸经济 , 2015(6).

[76] 屈潇影 . 中国“文化软实力”的来源、特征和意义研究 [J]. 贵州师范学院学报 , 2015(1).

[77] 任迪 , 姚君喜 . 外籍留学生媒介使用与中国文化认同的实证研究 [J]. 西南民族大学学报 (人文社科版), 2019(9).

[78] 沙文兵 , 李莹 . OFDI 逆向技术溢出、知识管理与区域创新能力 [J]. 世界经济研究 , 2018(7).

[79] 邵新建 , 巫和懋 , 肖立晟， 等 . 中国企业跨国并购的战略目标与经营绩效 : 基于 A 股市场的评价 [J]. 世界经济 , 2012(5).

[80] 沈坤荣 , 金刚 . 制度差异、“一带一路”倡议与中国大型对外投资——基于投资边际、模式与成败的三重视角 [J]. 经济理论与经济管理 , 2018(8).

[81] 宋华盛 , 刘莉 . 外国学生缘何来华留学——基于引力模型的实证研究 [J]. 高等教育研究 , 2014(11).

[82] 宋林 , 张丹 , 谢伟 . 对外直接投资与企业绩效提升 [J]. 经济管理 , 2019(9).

[83] 孙霞 . 西方“中国观”的变迁与中国软实力 [J]. 当代世界与社会主义 , 2009(6).

[84] 孙学峰 , 丁鲁 . 伙伴国类型与中国伙伴关系升级 [J]. 世界经济与政治 , 2017(2).

[85] 孙忆 , 孙宇辰 . 自由贸易协定能提升国家间亲密度吗? ——基于中国周边 FTA 的实证分析 [J]. 世界经济与政治 , 2017(4).

[86] 谭敏达 . 来华留学教育政策的路径依赖与变革 [J]. 当代教育科学 , 2016(5).

[87] 田原 , 李建军 . 中国对“一带一路”共建国家 OFDI 的区位选择——基于资源与制度视角的经验研究 [J]. 经济问题探索 , 2018(1).

[88] 王传毅 , 陈晨 .“一带一路”共建国家学生来华读研的影响因素——基于宏观数据的分析 [J]. 高校教育管理 , 2018(3).

[89] 王根蓓 . 区位优势及双边贸易—文化—政治关联度与中国对外直接投资——基于引力模型与流量面板数据的实证分析 [J]. 经济与管理研究 , 2013(4).

[90] 王国鹏 . 新形势下中外高校学历学位互认工作存在问题探析 [J]. 创新

科技，2016(5).

[91] 王鹤静．中国与“一带一路”共建国家贸易关系研究[J]. 市场周刊，2022(4).

[92] 王牧华，涂毅．新中国来华留学教育发展的成就及展望[J]. 教育史研究，2020(2).

[93] 王孝松，常远．双边关系与贸易保护——来自中国遭遇贸易壁垒的经验证据[J]. 世界经济与政治，2022(2).

[94] 王易虹，龙新蔚，江晓川．中国文化软实力在德国的认知及接受度分析[J]. 2010(3).

[95] 王永钦，杜巨澜，王凯．中国对外直接投资区位选择的决定因素：制度、税负和资源禀赋[J]. 经济研究，2014(12).

[96] 王永秀，谢少华．关于来华留学教育政策的审思[J]. 高教探索，2017(3).

[97] 王尤．王星懿．境外直接投资对母国经济的反馈效应及传导路径——来自我国1990–2008的证据[J]. 武汉金融，2012(2).

[98] 王玉霞，刘巍．西方发达国家高等教育国际化研究[J]. 当代世界，2010(1).

[99] 韦东明，顾乃华，徐扬．“一带一路”倡议与中国企业海外并购：来自准自然实验的证据[J]. 世界经济研究，2021(12).

[100] 魏礼庆．来华留学事业的历史回顾与未来展望[J]. 世界教育信息，2015(20).

[101] 温珺，巩雪．来华留学生教育对中国外资流入的影响[J]. 对外经济贸易大学学报，2019(4).

[102] 伍宸，宋永华．改革开放40年来我国高等教育国际化发展的变迁与展望[J]. 中国高教研究，2018(12).

[103] 肖建忠，肖雨彤，施文雨．“一带一路”倡议对共建国家能源投资的促进效应：基于中国企业对外投资数据的三重差分检验[J]. 世界经济研究，2021(7).

[104] 谢红军，蒋殿春．竞争优势、资产价格与中国海外并购[J]. 金融研究，2017(1).

[105] 熊正德，郭荣凤．国家文化软实力评价及提升路径研究 [J]. 中国工业经济，2011(9).

[106] 徐海宁．中美日三国留学生教育的状况与政策比较研究 [J]. 河北科技大学学报 (社会科学版), 2001(1).

[107] 薛安伟．跨国并购提高企业绩效了吗——基于中国上市公司的实证研究 [J]. 经济学家，2017(6).

[108] 薛求知，冯峰．中国企业跨国并购的信号作用 [J]. 技术经济，2019(7).

[109] 闫华红，曹萌萌．上市公司并购协同效应的实证研究 [J]. 中国会计学会 2012 年学术年会论文集，2012.

[110] 闫雪凌，林建浩．领导人访问与中国对外直接投资 [J]. 世界经济，2019(2).

[111] 闫雪琴，孙晓杰．企业政治关联与跨国并购绩效——基于中国并购方数据 [J]. 经济与管理研究，2016(1).

[112] 阎大颖．中国企业对外直接投资的区位选择及其决定因素 [J]. 国际贸易问题，2013(7).

[113] 杨涥伟．中国“文化软实力”研究现状综述 [J]. 中国文化研究，2011(2).

[114] 杨宏恩，孟庆强，王晶，等．双边投资协定对中国对外直接投资的影响：基于投资协定异质性的视角 [J]. 管理世界，2016(4).

[115] 杨军．海南高校留学生教育发展战略选择及对策 [J]. 海南师范大学学报 (社会科学版), 2012(5).

[116] 杨连星，刘晓光，张杰．双边政治关系如何影响对外直接投资——基于二元边际和投资成败视角 [J]. 中国工业经济，2016(11).

[117] 杨连星，牟彦丞．跨国并购如何影响制造业全球价值链升级 ?[J]. 国际商务研究，2021(5).

[118] 杨连星，沈海超，殷德生．对外直接投资如何影响企业产出 [J]. 世界经济，2019 (4).

[119] 杨洋．美国高等教育质量保障机制与中国高等教育发展 [J]. 黑龙江高教研究，2014(1).

[120] 姚君喜．外籍留学生对中国人形象认知的实证研究 [J]. 当代传播，

2015(4).

[121] 叶淑兰 . 镜像中国：上海外国留学生的中国形象认知 [J]. 社会科学 , 2013(9).

[122] 尹贤淑 . 中国对外直接投资现状及其发展趋势分析 [J]. 中央财经大学学报 , 2009(4).

[123] 于向东 . 习近平中国周边外交理念的丰富内涵[J]. 马克思主义与现实, 2016(2).

[124] 余振 , 陈鸣 . 贸易摩擦对中国对外直接投资的影响 : 基于境外对华反倾销的实证研究 [J]. 世界经济研究 , 2019(12).

[125] 袁清 . 刍议来华留学生教育对我国的影响效应——以“一带一路”共建国家贸易关系为例 [J]. 浙江社会科学 , 2019(4).

[126] 翟成蹊 , 李岩梅 , 李纾 . 沟通与刻板印象的维持、变化和抑制 [J]. 心理科学进展 , 2010(3).

[127] 张本波 . 我国劳动力成本上升的因素和影响 [J]. 宏观经济管理 , 2008(8).

[128] 张建红 , 姜建刚 . 双边政治关系对中国对外直接投资的影响研究 [J]. 世界经济与政治 , 2012(12).

[129] 张金鑫 , 段嘉尚 , 张秋生 . 并购套利理论研究 [J]. 经济纵横 , 2010(3).

[130] 张珺 , 韩玫 . 互联互通会提高企业跨国并购的成功率吗 ?——中国企业在“一带一路”沿线跨国并购的经验证据 [J]. 西部论坛 , 2021(4).

[131] 张鹏飞 , 谢识予 .“一带一路”倡议与中国对外直接投资——基于双重差分法的实证分析 [J]. 投资研究 , 2020(11).

[132] 张维迎 , 柯荣住 . 信任及其解释 : 来自中国的跨省调查分析 [J]. 经济研究 , 2002(10).

[133] 张伟如 , 韩斌 , 胡冰 . 中国对外直接投资绩效与经济增长——基于省级面板数据的实证分析 [J]. 经济问题 , 2012(11).

[134] 张相伟 , 龙小宁 . 中国对外直接投资具有跨越贸易壁垒的动机吗？ [J]. 国际贸易问题 , 2018(1).

[135] 张亚斌 .“一带一路”投资便利化与中国对外直接投资选择——基于跨国面板数据及投资引力模型的实证研究 [J]. 国际贸易问题 , 2016(9).

[136] 张艳臣 . 政策工具视角下来华留学生教育质量保障政策研究 [J]. 高教探索 , 2020(9).

[137] 赵宏 , 张晶 . 来华留学生中华文化认同培养 [J]. 黑龙江高教研究 , 2017(11).

[138] 赵华胜 . 上海合作组织：评估与发展问题 [J]. 现代国际关系 , 2005(5).

[139] 赵新利 . 留学生公共外交与对外传播 [J]. 对外传播 , 2012(3).

[140] 赵中建 , 孙文正 . 21 世纪国际社会的战略选择——重视教育发展与人力资源开发 [J]. 教育发展研究 , 2003(Z1).

[141] 郑向荣 . 当前我国发展来华留学生教育的意义与优势分析 [J]. 高教探索 , 2010(5).

[142] 钟宁桦 , 温日光 , 刘学悦 .“五年规划”与中国企业跨境并购 [J]. 经济研究 , 2019(4).

[143] 周芮帆 , 洪祥骏 . 双循环背景下“一带一路”共建国家投资的协同效应 [J]. 2021(7).

[144] 周源 . 来华留学生跨文化适应与沟通分析 [J]. 知识经济 , 2009(13).

[145] 周忠海 . 海外投资的外交保护 [J]. 政法论坛 , 2007(3).

[146] 朱华 . 在华外国人：传播中国形象的新兴力量 [J]. 新闻前哨 , 2015(7).

[147] 宗芳宇 , 路江涌 , 武长岐 . 双边投资协定、制度环境和企业对外直接投资区位选择 [J]. 经济研究 , 2012(5).

[148] 陈晨 . 中、印两国跨国并购短期绩效及影响因素的比较研究 [D]. 济南：山东大学 , 2012.

[149] 陈瑜 . 中国上市公司频繁并购现象研究——基于管理层行为的实证解释 [D]. 厦门：厦门大学 , 2009.

[150] 褚音 . 中国企业海外并购的财务绩效研究 ——基于上市公司的实证分析 [D]. 上海：复旦大学 , 2009.

[151] 邓子璇 .“一带一路”背景下中国与共建国家文化贸易影响因素研究 [D]. 长沙：湖南师范大学 , 2019.

[152] 葛晓春 . 中国企业跨国并购的动因研究 [D]. 无锡：江南大学 , 2010.

[153] 郭继辉 . 中国企业海外并购的财务研究 [D]. 上海：同济大学 , 2010.

[154] 胡冬红 . 创造性资产获取型跨国并购的绩效评价研究 [D]. 武汉：武

汉大学，2018.

[155] 倪宁大．海外并购过程中的价值创造[D]. 南京：南京理工大学，2009.

[156] 王倩．企业跨国并购绩效及其影响因素的研究[D]. 杭州：浙江工业大学，2013.

[157] 王颖．资源型企业跨国并购的协同效应研究[D]. 武汉：武汉理工大学，2011.

二、外文文献

[1]DUNNING J H. The International Allocation of Economic Activity [M]. Palgrave Macmillan: London, 1977.

[2]DUNNING J H. Multinational Enterprises and Global Economy [M]. Addison–Wesley, Wokingham, 1993.

[3]KOJIMA K. Direct Foreign Investment: A Japanese Model of Multinational Business Operations[M]. London: Croom Helm, 1978.

[4]WELLS L T. Third World Multinationals: The Rise of Foreign Direct Investment from Developing Countries[M]. Cambridge, Mass: MIT Press, 1983.

[5]AHERN K R, DAMINELLI D, FRACASSI C. Lost in Translation? The Effect of Cultural Values on Mergers Around the World[J]. Journal of Financial Economics, 2015, 117(1).

[6]AMIGHINI A, RABELLOTTI R, SANFILIPPO M. China’s Outward FDI: an Industry–Level Analysis of Host Country Determinants[J]. Frontiers of Economics in China, 2013, 8(2).

[7]AMIT R, SCHOEMAKERP J H. Strategic Assets and Organizational Rent[J]. Strategic Management Journal, 1993, 14(1).

[8]ANAND J, DELIOS A. Absolute Nad Relative Resources as Determinants of International Acquisitions[J]. Strategic Management Journal, 2004 (2).

[9]ANDRADE G M, MICHELL, STAFFORD E. New Evidence and Perspectives on Mergers[J]. Journal of Economic Perspectives, 2001, 15(2).

[10]ANDRADE G, STAFFORD E. Investigating the Economic Role of Merges[J].

Journal of Corporate Finace, 2002, 10(1).

[11]ASIEDU E. On the Determinants of Foreign Direct Investment to Developing Counties: Is Africa Different?[J]. World Development, 2002, 30(1).

[12]AXELROD R. The Emergence of Cooperation Among Egoists[J]. American Political Science Review, 1981, 75(6).

[13]BANDELJ D, EASTERLY W, NUNN N, Commercial Imperialism? Political Influence and Trade During the Cold War[J]. The American Economic Review, 2013, 103(2).

[14]BARKEMA H G, VERMEULEN F. International Expansion Through Start-up or Acquisition: A Learning Perspective[J]. Academy of Management Journal, 1998, 41(1).

[15]BARNEY J B. Firm Resources and Sustained Competitive Advantage?[J]. Academy of Management Review, 1991, 17(1).

[16]BARROS P P. Endogenous Mergers and Size Asymmetry of Merger Participants[J]. Economics Letters, 1998 (60).

[17]BASILE R, GIUNTA A, NUGENT B. Foreign Expansion by Italian Manufacturing Firms in the Nineties: An Ordered Probit Analysis[J]. Review of Industries Organization, 2003, 23(1).

[18]BENASSY-QUERE A, COUPET M, MAYER T. Institutional Determinants of Foreign Direct Investment[J]. The World Economy, 2007, 30(5).

[19]BERGEMANN, DIRK D, HEGE U. Venture Capital Finance, Moral Hazard, and Learning[J]. Journal of Banking and Finance, 1998 (22).

[20]BEUGELSDIJK S, HENNART J, SLANGEN A, et al. Why and How FDI Stocks Are a Biased Measure of MN Affiliate Activity[J]. Journal of International Business Studies, 2010, 41(9).

[21]BEVAN A, ESTRIN S, MEYER K. "Foreign Investment Location and Institutional Development in Transition Economies" [J]. International Business Review, 2004, 13(1).

[22]BLONIGEN B A, A Review of the Empirical Literature on FDI Determinants[J]. Atlantic Economic Journal, 2005, 33(4).

[23]BOKPIN G, ONUMAH J. An Empirical Analysis of the Determinants of Corporate Investment Decisions: Evidence from Emerging Market Firms[J]. Research Journal of Finance and Economics, 2009, 33(1).

[24]BRESMAN H, BIRKINSHAW J M, NOBEL R. Knowledge Transfer in International Acquisitions[J]. Journal of International Business Studies, 1999, 30(3).

[25]BROUTHERS K, BROUTHERS L, WERNER S. Real Options, International Entry Mode Choice and Performance[J]. Journal of Management Studies, 2008, 45(5).

[26]BRUTON D, DESS C, JANNEY J. Knowledge Management in Technology-Focused Firms in Emerging Economies: Caveats on Capabilities, Networks, and Real Options[J]. Asia Pacific Journal of Management, 2007, 24(2).

[27]BUCKLEY P J, CLEGG L J, CROSS A R. The Determinants of Chinese Outward Foreign Direct Investment[J]. Journal of International Business Studies, 2010, 38(4).

[28]BUCKLEY P J. The Impact of the Global Factory on Economic Development[J]. Journal of World Business, 2009 (44).

[29]CARNEY M, Corporate Governance and Competitive Advantage in Family-Controlled Firms[J]. Entrepreneurship Theory and Practice, 2005, 29(3).

[30]CARTWRIGHT S, COOPER C L. The Role of Culture Compatibility in Successful Organization[J]. The Academy of Management Executive, 1993 (34).

[31]CAVES R E. Multinational Firms, Competition, and Productivity in Host-country Markets[J]. Economica, 1974 (41).

[32]CEZAR R, ESCOBAR O R. Institutional Distance and Foreign Direct Investment[J]. Review of World Economics, 2015, 151(4).

[33]CHATTERJEE S. Types of Synergy and Economic Value: the Impact of Acquisitions on Merging and Rival Firms[J]. Strategic Management Journal, 1986, 7(2).

[34]CHEUNG Y W, DIAN X W. The Empiric of China's Outward Direct Investment[J]. Pacific Economic Review, 2009, 14(5).

[35]CHEUNG Y W, PASCUAL A C. Market Structure, Technology Spillovers, and Persistence in Productivity Differentials[J]. International Journal of Applied

Economics, 2004, 1(1).

[36]COEURDACIER N, DE S R A, AVIAT A. Cross-border Mergers and Acquisitions and European Integration[J]. Economic Policy, 2009, 24(57).

[37]CVERVO-CAZVRRA A. Who Cares about Corruption?[J]. Journal of International Business Studies, 2006, 37(6).

[38]DANZON P M, EPSTEIN A, NICHOLSON S. Mergers and Acquisitions in the Pharmaceutical and Biotech Industries[J]. Managerial and Decision Economics, 2007, 28(5).

[39]DAS S P, SENGUPTA S. Asymmetric Information, Bargaining, and International Mergers[J]. Journal of Economics and Management Strategy, 2001, 10(4).

[40]DATTA D K. Organizational Fit and Acquisition Performance Effects of Post Acquisition Integration[J]. Strategic Management Journal, 1991 (11).

[41]DEMIRBAG M, TATOGLU E, GLAISTER W. Equity-based Entry Modes of Emerging Country Multinationals: Lessons from Turkey[J]. Journal of World Business, 2009, 44(4).

[42]DENG. Why do Chinese Firms Tend to Acquire Strategic Assets in International Expansion?[J]. Journal of World Business, 2009 (44).

[43]DENNIS D K, MCCONNELL J J. Corporate Mergers and Security Returns[J]. Journal of Financial Economics, 1986, 16(2).

[44]DEROVEN B K. Following the Flag: Troop Deployment and US Foreign Direct Investment[J]. International Studies Quarterly, 2007, 51(4).

[45]DESBORDERS P, VICARD V. Foreign Direct Investment and Bilateral Investment Treaties: An International Politic Perspective[J]. Journal of Comparative Economics, 2009, 37(3).

[46]DICKEN P, KELLY P, OLDS K. Chains and Networks, Territories and Scales: Toward a Relational Framework for Analyzing the Global Economy[J]. Global Networks, 2002, 1(2).

[47]DRIFTIELD N, LOVE J H. Foreign Direct Investment, Technology Sourcing and Reverse Spillovers[J]. The Manchester School, 2003, 71(6).

[48]DUNNING J H. The Theory of International Production[J]. The International

Trade Journal, 1988, 3(1).

[49]DUSSAUGE P, GARRETTE B. Determinants of Success in International Strategic Alliances: Evidence from the Global Aerospace Industry[J]. Journal of International Business Studies, 1995 (26).

[50]EKHOLM K, FORSLID R, MARKUSEN J R. Export–Platform Foreign Direct Investment[J]. Journal of the European Economic Association, 2007, 5(4).

[51]ELANGO B. The Influence of Plant Characteristics on The Entry Mode Choice of Overseas Firms[J]. Journal of Operations Management, 2005, 23(1).

[52]FARREL J, SHAPIRO. Horizontal Mergers: an Equilibrium Analysis[J]. American Economic Review, 1990 (80).

[53]FAULI O R. Takeover Waves[J]. Journal of Economics and Management Strategy, 2000 (9).

[54]FERNHABER A, MCDOUGALL P, OVIATT M. Exploring the Role of Industry Structure in New Venture Internationalization[J]. Entrepreneurship Theory and Practice, 2007, 31(4).

[55]FUCHS A, KLANN N H. Paying a Visit: The Dalai Lama Effect on International Trade[J]. Journal of International Economics, 2013, 91(1).

[56]GANI A. Government and Foreign Direct Investment Links: Evidence from Panel Data Estimations[J]. Applied Economics Letters, 2007, 14(10).

[57]GASTANAGA V M, NUGENT J B, PASHAMOVA B. Host Country Reforms and FDI Inflows: How Much Difference do They Make?[J]. World Development, 1998, 26(7).

[58]GEREFFI G. International Trade and Industrial Upgrading in the Apparel Commodity Chains[J]. Journal of International Economics, 1999 (48).

[59]GIULIANI E, PIETROBELLI C, RABELLOTI. Upgrading in Global Value Chains: Lessons from Latin American Clusters[J]. World Development, 2005, 33(4).

[60]GIULIANO P, SPILIMBERGO A, TONON G. Genetic Distance, Transportation Costs, and Trade[J]. Journal of Economic Geography, 2014, 14(1).

[61]GLOBERMAN S, SHAPIRO D. Global Foreign Direct Investment Flows: The Role of Governance Infrastructure[J]. World Development, 2002, 30(11).

[62]GLOBERMAN S, SHAPIRO D. Governance Infrastructure and US Foreign Direct Investment[J]. Journal of International Business Studies, 2003, 34(1).

[63]GONZALEA-MAESTRE M, LOPEZ-CUNAT J. Delegation and Mergers in Oligopoly[J]. International Journal of Industrial Organization, 2001, 19(80).

[64]GORG H, STROBL E. Spillovers from Foreign Firms Through Worker Mobility: An Empirical Investigation[J]. Scandinavian Journal of Economics, 2005, 107(4).

[65]GOWRISANKARAN G, HOLMES T J. Mergers and the Evolution of Industry Concentration: Results From the Dominant Firm Model[J]. Rand Journal of Economics, 2004 (35).

[66]GOWRISANKARAN G. A Dynamic model of endogenous horizontal mergers[J]. Rand Journal of Economics, 1999 (30).

[67]GRANT R. the Resource-Based Theory of Competitive Advantage: Implication for Strategy Formation[J]. California Management Review, 1991, 33(3).

[68]GREENAWAY D, KNELLER R. Industry differences in the effect of export market entry: learning by exporting?[J]. Review of World Economies, 2007, 143(3).

[69]GUISO L, SAPIENZA P, ZINGALES L. Cultural Biases in Economic Exchange?[J]. The Quarterly Journal of Economics, 2019, 124(3).

[70]GULATI R. Social Structure and Alliance Formation Patterns: A Longitudinal Analysis[J]. Administrative Science Quarterly, 1995, 40(4).

[71]HABIB M, ZURAWICKI L. Corruption and Foreign Direct Investment[J]. Journal of International Business Studies, 2002, 33(2).

[72]HAROLD C, ARJAN L. Market Entry and Economic Diplomacy[J]. Applied Economics Letters, 2013, 20(5).

[73]HARRISON J S, HITT M A, HOSKISSON R E. Resource Complementarity in Business Combinations: Extending the Logic to Organizational Alliances[J]. Journal of Management, 2001, 27(6).

[74]HARZING A W. Acquisitions versus Greenfield Investment: International Strategy and Management of Entry Modes[J]. Strategic Management Journal, 2002, 23(3).

[75]HECKMAN J. Sample Selection Bias as a Specification Error[J]. Econometric, 1979, 47(1).

[76]HORNA H, PERSSON L. The equilibrium ownership of an international oligopoly[J]. journal of international economics, 2001 (53).

[77]HUR J, PARINDURI R A, RIYANTO Y E. Cross-Border M&A Inflows and Quality of Country Governance: Developing Versus Developed Countries[J]. Pacific Economic Review, 2011, 16(5).

[78]INKEN, BEAMISH. Knowledge: Bargaining Power and the Instability of International Joint Venture[J]. Academy of Management Review, 1997 (22).

[79]JOHNSON R, LAWRENCE P R. Value Added Partnership[J]. Harvard Business Review, 1988 (66).

[80]JUDE C, LEVIEUGE G. Growth Effect of Foreign Direct Investment in Developing Economies: The Role of Institutional Quality[J]. The World Economy, 2017, 40(4).

[81]JUN K, SINGH H. The Determinants of Foreign Direct Investment in Developing Countries[J]. Transnational Corporation, 1996, 5(2).

[82]KAMALY A. Trends and Determinants of Mergers and Acquisitions in Developing Countries in 1990s[J]. International Research Journal of Finance and Economics, 2007 (8).

[83]KARNIEN M I, ZANG I. The Limits of Monopolization Through Acquisition[J]. Quarterly Journal of Economics, 1990 (105).

[84]KASTNER S L. Buying Influence? Accessing the Political Effects of China's International Trade[J]. Journal of Conflict Resolution, 2014, 60(6).

[85]KESTERNICH I, SCHNITZER M. Who is Afraid of Political Risk? Multinational Firms and Their Choice of Capital Structure[J]. Journal of International Economics, 2010, 82(2).

[86]KEUSCHNIGG C. Exports, Foreign Direct Investment, and the Costs of Corporate Taxation[J]. International Tax and Public Finance, 2008, 15(4).

[87]KIM C S, INKPEN A C. Cross-border R&D alliances, Absorptive Capacity and Technology Learning[J]. Journal of International Management, 2005 (3).

[88]KODE G V M, FORD J C , SUTHERLAND M M. A Conceptual Model for Evaluation of Synergies in Mergers and Acquisitions: A Critical Review of the Literature[J]. South African Journal of Business Management, 2003, 1(34).

[89]KOGUT B, CHANG S J. Technological Capability and Japanese Foreign Direct Investment in the United States[J]. Review of Economics and Statistics, 1991, 73(3).

[90]KOGUT B. Designing Global Strategies: Comparative and Competitive Value added Chains[J]. Sloan Management Review, 1985, 26(4).

[91]KOLSTAD I, WING A. What Determines Chinese Outward FDI?[J]. Journal of World Business, 2009, 47(1).

[92]KRUGMAN P. Scale Economies, Product Differentiation, and the Pattern of Trade[J]. American Economic Review, 1980, 70(5).

[93]LEVIN D. Horizontal Merger: the 50 Percent Benchmark[J]. American Economic Review, 1990 (80).

[94]LI Q. Political Violence and Foreign Direct Investment[J]. Research in Global Strategic Management, 2016 (12).

[95]LOMMERUD K E, MELAND F, STRAUME O R. Globalization and Union Opposition to Technological Change[J]. Journal of International Economics, 2010 (1).

[96]LONG N V, VOUSDEN N. The Effects of Trade Liberalization on Cost-Reducing Horizontal Mergers[J]. Review of International Economics, 1995, 3(2).

[97]LOREE D W, GUISINGER S E. Policy and Non-policy Determinants of US Equity Foreign Direct Investment[J]. Journal of International Business Studies, 1995, 26(2).

[98]LUO Y, TUNG R L. International Expansion of Emerging Market Enterprises: A Springboard Perspective[J]. Journal of International Business Studies, 2007, 38(4).

[99]LUO Y, XUE Q, HAN B. How Emerging Market Governments Promote Outward FDI: Experience from China[J]. Journal of World Business, 2010, 45(1).

[100]MADHAVAN R, KOLA B R, PRESCOTT J E. How Industry Events (re) shape Interfirm Relationships[J]. Strategic Management Journal, 1998, 19(5).

[101]MARKUSEN J R, MASKUS K E. Discriminating among Alternative

Theories of the Multinational Enterprise[J]. Review of International Economics, 2002, 10(4).

[102]MARKUSEN J R. Multinationals, Multi-Plant Economies, and the Gains from Trade[J]. Journal of International Economics, 1984, 16(3).

[103]MARTIN P, MAYER T, THOENING M. Make Trade Not War?[J]. The Review of Economic Studies, 2008, 75(3).

[104]MARTIN P, REY H. Financial Integration and Asset Returns[J]. European Economic Review, 2000, 44(7).

[105]MATHEWS J A. Dragon Multinationals: New Players in 21ST Century Globalization[J]. Asia Pacific Journal of Management, 2006, 23(1).

[106]MCKINLEY W, SCHICK C M. Organizational Downsizing: Constraining, Cloning, Learning[J]. Academy of Management Executive, 1995, 3(9).

[107]MCLAIN D L, HACKMAN K. Trust, Risk, and Decision-making in Organizational Change [J]. Public Administration Quarterly, 1999.

[108]MINRHART D, NEEMAN Z. Termination and Coordination in Partnership[J]. Journal of Economics & Management Strategy, Blackwell Publishing, 1999, 2(8).

[109]MISHRA A, DALY K. Effect of Quality of Institutions on Outward Foreign Direct Investment[J]. The Journal of International Trade & Economic Development, 2007, 16(2).

[110]MORCK R, YEUNG B, ZHAO M. Perspectives on China's Outward Foreign Direct Investment[J]. Journal of International Business Studies, 2008, 39(3).

[111]MOROSINI P, SHANE S, SINGH H. National Cultural Distance and Cross-border Acquisition Performance[J]. Journal of International Business Studies, 1998, 29(1).

[112]MORROW J D, SIVERSON R M, TABARES T E. The Political Determinants of International Trade: The Major Powers, 1907-1990[J]. American Political Science Review, 1998, 92(3).

[113]MYERS S. Determinants of Corporate Borrowing[J]. Journal of Financial Economics, 1997, 5(2).

[114]NEARY J P. Globalization and Market Structure[J]. Journal of the European Economic Association, 2003 (1).

[115]NEUMAYER E, SPESS L. Do Bilateral Investment Treaties Increase Foreign Direct Investment: An Exploratory Study[J]. Journal of International Business Studies, 2005, 33(10).

[116]NIGH D, SCHOLLHAMMER H. Foreign Direct Investment, Political Conflict and Co-operation: The Asymmetric Response Hypothesis[J]. Management and Decision Economics, 1987, 8(4).

[117]NITSCH V. State Visits and International Trade[J]. World Economy, 2007, 30(12).

[118]NOCKE V, YEAPLE S. An Assignment Theory of Foreign Direct Investment[J]. Review of Economic Studies, 2008, 75(2).

[119]NOORBAKHSH F, PALONI A. YOUSSEF A. Human Capital and FDI Inflows to Developing Countries: New Empirical Evidence[J]. World Development, 2001, 29(9).

[120]ORDOVER, J A, SALONER G, SALOP S C. Equilibrium Vertical Foreclosure[J]. American Economic Review, 1990 (80).

[121]PARK S H. Inter-firm Rivalry and Managerial Complexity: A Conceptual Framework of Alliance Failure[J]. Organization Science, 2001, 1(12).

[122]PORTER, M E. From Competitive Advantage to Corporate Strategy[J]. Harvard Business Review, 1987.

[123]PRADHAN J, SINGH N. Outward FDI and Knowledge Flows: A Study of the Indian Automotive Sector[J]. International Journal of Institutions and Economies, 2009, 1(1).

[124]PRAHALAD C K, HAMEL G. The Core Competence of the Corporation[J]. Harvard Business Review, 1990, 3(68).

[125]QIU L D, WEN Z. International Mergers: Incentives and Welfare[J]. Journal of International Economics, 2006 (68).

[126]QIU, L D, WEN Z. Merger Waves: A Model of Endogenous Mergers[J]. Rand Journal of Economics, 2007, 30(1).

[127]RAFF H, RYAN M, STHLER F. Firm Productivity and the Foreign -

Market Entry Decision[J]. Journal of Economics & Management Strategy, 2012, 21(3).

[128]RIORDAN, M H. Anticompetitive Vertical Integration by A Dominant Firm[J]. American Economic Review, 1998, 5(88).

[129]RITCHIE B R. Characteristics of Varieties of Capitalism in Developed and Developing Countries[J]. Asia Pacific Journal of Management, 2009, 26(3).

[130]ROLL R. The Hubris Hypothesis is of Corporate Takeovers[J]. Journal of Business, 1986, 2(59).

[131]ROSE A K. The Foreign Service and Foreign Trade: Embassies as Export Promotion[J]. The World Economy, 2007, 30(1).

[132]SCHNEIDER F, FREY B S. Economic and Political Determinants of Foreign Direct Investment[J]. World Development, 1985, 13(2).

[133]SETH A, SONG K P, SYNERGY R P. Managerial-ism or Hubris? An Empirical Examination of Motives for Foreign Acquisition of US Firm[J]. Journal of International Business Studies, 2000, 3(31).

[134]SHAPIRO D, SHEPPARD B H, CHERASKIN L. Business on a Handshake[J]. Negotiation Journal, 1992, 8(4).

[135]SHLEIFER A, VISHNY R W. Value Maximization and the Acquisition Process[J]. Journal of Economic Perspectives, 1988, 1(2).

[136]SLANGEN A, HENNART J. Greenfield or Acquisition Entry: A review of the Empirical Foreign Establishment Mode Literature[J]. Journal of International Management, 2007, 13(4).

[137]SPEKMAN, R E, KAMAUFF J W MYHR N. An Empirical Investigation into Supply Chain Management: A Perspective on Partnerships[J]. Supply Chain Management, 1998, 3(2).

[138]SWETLICIC M, ROJEC M, TRINIK A. The Restructuring Role of Outward Foreign Direct Investment by Central European Firms: the Case of Slovenia[J]. Advances in International Market, 2000 (10).

[139]TETENBAUM T J. Seven Key Practices That Improve the Chance for Expected Integration and Synergies[J]. Organizational Dynamics, 1998, 2(28).

[140]VERNON R. International Investment and International Trade in the Product Cycle[J]. Quarterly Journal of Economics, 1966, 80(5).

[141]WANG C, HONG J, KAFOUROS M et al. Exploring the Role of Government Investment in Outward FDI from Emerging Economies[J]. Journal of International Business Studies, 2012, 43(7).

[142]WEITZEL U, BERNS S. Cross-Border Takeovers, Corruption, and Related Aspects of Governance[J]. Journal of International Business Studies, 2006, 37(6).

[143]WERNERFELT B A. Resource-Based View of the Firm[J]. Strategic Management Journal, 1984, 5(2).

[144]WESTON T. A model of Asset - seeking Foreign Direct Investment Driven by Demand Conditions[J]. Canadian Journal of Administrative Sciences, 1999, 16(1).

[145]WHEELER D, MODY A. International Investment Location Decisions: The Case of U. S. Firms[J]. Journal of International Economics, 1992, 33(1-2).

[146]WILLIAMSON O E. Comparative Economic Organization: the Analysis of Discrete Structural Alternatives[J]. Administration Science Quarterly, 1991 (36).

[147]YAKOP M,VAN BERGEIJK P A G. The Weight of Economic and Commercial Diplomacy[J]. SSRN Electronic Journal, 2009, 87(478).

[148]YAN, ZENG M. International Joint Venture Instability: A Critique Previous Research, A Re-conceptualization, and Directions for Future Research[J]. Journal of International Business Studies, 1999, 2(30).

[149]YASTER M, REJESUS R M. Bilateral Trade Impacts of Temporary Foreign Visitor Policy[J]. Review of World Economics, 2012, 148(3).

[150]ZHANG J, ZHOU C, EBBERS H. Completion of Chinese Overseas Acquisitions: Institutional Perspectives and Evidence[J]. International Business Review, 2011, 20(2).

[151]JOSEPH NYE. The Rise of China's Soft Power[N].Wall Street Journal Asia, 2005-12-29.

[152]LEE C S. Korea's FDI Outflows: Choice of Locations and Effect on Trade[R]. KIEP Working Paper, 2002.